Boxsport

Alles, was Sie von den Profiboxern über Training, Beinarbeit und Kampfstrategien lernen können

© Copyright 2025

Alle Rechte vorbehalten. Kein Teil dieses Buches darf in irgendeiner Form ohne schriftliche Genehmigung des Autors reproduziert werden. Rezensenten dürfen in Besprechungen kurze Textpassagen zitieren.

Haftungsausschluss: Kein Teil dieser Publikation darf ohne die schriftliche Erlaubnis des Verlags reproduziert oder in irgendeiner Form übertragen werden, sei es auf mechanischem oder elektronischem Wege, einschließlich Fotokopie oder Tonaufnahme oder in einem Informationsspeicher oder Datenspeicher oder durch E-Mail.

Obwohl alle Anstrengungen unternommen wurden, die in diesem Werk enthaltenen Informationen zu verifizieren, übernehmen weder der Autor noch der Verlag Verantwortung für etwaige Fehler, Auslassungen oder gegenteilige Auslegungen des Themas.

Dieses Buch dient der Unterhaltung. Die geäußerte Meinung ist ausschließlich die des Autors und sollte nicht als Ausdruck von fachlicher Anweisung oder Anordnung verstanden werden. Der Leser / die Leserin ist selbst für seine / ihre Handlungen verantwortlich.

Die Einhaltung aller anwendbaren Gesetze und Regelungen, einschließlich internationaler, Bundes-, Staats- und lokaler Rechtsprechung, die Geschäftspraktiken, Werbung und alle übrigen Aspekte des Geschäftsbetriebs in den USA, Kanada, dem Vereinigten Königreich regeln oder jeglicher anderer Jurisdiktion obliegt ausschließlich dem Käufer oder Leser.

Weder der Autor noch der Verlag übernimmt Verantwortung oder Haftung oder sonst etwas im Namen des Käufers oder Lesers dieser Materialien. Jegliche Kränkung einer Einzelperson oder Organisation ist unbeabsichtigt.

Inhaltsverzeichnis

EINLEITUNG 1
KAPITEL 1: DIE ANFÄNGE 3
KAPITEL 2: ERSTE SCHRITTE BEIM BOXEN I: REGELN UND
KAMPFSTILE 15
KAPITEL 3: EINSTIEG IN DEN BOXSPORT II: AUSRÜSTUNG
UND KONDITION 29
KAPITEL 4: HALTUNG, FOKUS UND BEINARBEIT 45
KAPITEL 5: SCHLÄGE UND GEGENSCHLÄGE 62
KAPITEL 6: VERTEIDIGUNGSSTRATEGIEN UND TIPPS 81
KAPITEL 7: 13 PROFI-KOMBINATIONEN, DIE SIE NOCH NICHT
KANNTEN 93
KAPITEL 8: „PEEK-A-BOO": SPARRINGGEHEIMNISSE VON
PROFIBOXERN 108
KAPITEL 9: TRAINING MIT DEM SCHWEREN BOXSACK 118
KAPITEL 10: ZWANZIG HÄUFIGE FEHLER, DIE SIE VERMEIDEN
SOLLTEN (EGAL OB SIE EIN ANFÄNGER SIND ODER NICHT) 129
FAZIT 138
HIER IST EIN WEITERES BUCH VON CLINT SHARP, DAS IHNEN
GEFALLEN KÖNNTE 140
QUELLENANGABEN 141
BILDQUELLEN 142

Einleitung

Haben Sie sich schon einmal über die eindrucksvolle Geschwindigkeit, Beweglichkeit und Technik von Profiboxern gewundert? Was wissen sie über deren Training, Beinarbeit und Kampftaktiken?

Durch stundenlanges intensives Training und jahrelange Erfahrung im Ring haben diese Spitzensportler Fähigkeiten entwickelt, die ihnen einen Wettbewerbsvorteil verschaffen. Wenn auch Sie derartige Übungen von den besten Boxern lernen, können Sie diese Fähigkeiten ebenfalls entwickeln und Ihr Trainingsniveau erheblich steigern. Dieser Leitfaden führt Sie durch die Grundlagen des Boxens, von der Beinarbeit und den Köperpositionen bis hin zu Schlägen, Verteidigungstipps und professionellen Bewegungskombinationen, damit Sie schnell auf dem Weg dazu sind, selbst zum Profiboxer zu werden.

Die spannende Geschichte des Boxens umspannt Jahrhunderte und erstreckt sich von der antiken griechischen Olympiade bis zu den heute üblichen extravaganten Live Shows. Dieser Sport hat legendäre Kämpfer, erbitterte Rivalitäten und unzählige bedeutsame Momente erlebt, die in die Geschichte eingegangen sind. Die Annalen der Boxgeschichte zeigen, wie sich dieser brutale Sport mit der Zeit entwickelt hat, von den Schlägereien mit bloßen Fäusten, die in den 1800er Jahren ausgetragen wurden, bis hin zur Erfindung der Boxhandschuhe, die den Sport weniger tödlich machten. Das Boxen ist ständig im Wandel. Schließlich handelt es sich um einen Sport, der Disziplin, Geschicklichkeit und Ausdauer von den Kämpfern verlangt, die danach streben, ihre Gegner zu überlisten und den perfekten k.o.-Schlag zu landen.

Bei einer so reichhaltigen Geschichte ist es kein Wunder, dass das Boxen auch heute noch Menschen auf der ganzen Welt fesselt. Dieser leicht verständliche Leitfaden bietet Ihnen einen Überblick über die Ursprünge des Boxens. Sobald Sie die diversen Zusammenhänge verstanden haben, können Sie zu den Techniken und Strategien übergehen, die auch von modernen Boxern verwendet werden. Sie werden dadurch wichtige Themen wie Stellungen, Deckungen, Schläge, Schrittkombinationen, Verteidigungstipps und das Training am schweren Boxsack kennenlernen. Sie erfahren außerdem, welche häufigen Fehler Sie beim Üben vermeiden sollten. Außerdem erfahren Sie Details zu hilfreichen Sparring-Geheimnissen, die sogar die Profis einsetzen und entdecken, wie Sie die Profibewegungen einsetzen können, die erfolgreiche Champions im Ring ausmachen.

Obwohl es sich beim Boxsport um eine ernste Angelegenheit handelt, müssen Sie ihn nicht zu ernst nehmen. Selbst Anfänger können viel Spaß dabei haben, die Grundlagen kennenzulernen und ihre Fähigkeiten mit diesem unglaublich lohnenden Sport weiterzuentwickeln. Alles, was es dazu braucht, sind Hingabe, harte Arbeit und die richtigen Mittel. Wenn Sie bereit dazu sind, den Sprung in die Welt des Boxens zu wagen, schnüren Sie Ihre Handschuhe fest und machen Sie sich bereit für eine aufregende Reise, die Ihre Aufmerksamkeit eine Weile fesseln wird. Dieses Buch ist ein hervorragender Anhaltspunkt, der Ihnen alles bietet, was Sie für den Anfang brauchen. Also, worauf warten Sie noch? Machen Sie sich bereit für den Ring.

Kapitel 1: Die Anfänge

Haben Sie sich je dabei erwischt, wie Sie die Boxer im Ring angefeuert und sich dabei gefragt haben, woher der Sport eigentlich stammt? Ob Sie es glauben oder nicht, das Boxen hat eine lange und ereignisreiche Geschichte, die Jahrhunderte zurückreicht. Zu Anfang waren die Boxkämpfe brutal und ohne jegliche Regeln. Die Boxer kämpften mit bloßen Knöcheln und ohne Zurückhaltung, was zu grausamen Verletzungen führte. Als der Sport jedoch immer beliebter wurde, wurden neue Gesetze erlassen, um die populären Kämpfer vor schweren Verletzungen zu schützen.

Im Laufe der Jahre hat sich das Boxen zu dem aufregenden und dynamischen Sport entwickelt, den die Menschen noch heute kennen und lieben. Lassen Sie uns also unsere Boxhandschuhe anlegen und in die Vergangenheit reisen, um mehr über die Ursprünge des Sports zu erfahren. Dieses Kapitel bietet Ihnen einen kurzen Überblick über die Geschichte und Entwicklung des Boxens, beginnend mit seinen antiken Wurzeln. Es macht Sie mit einigen der berühmtesten Boxern der Geschichte und deren bleibendem Vermächtnis vertraut. Am Ende des Kapitels werden Sie folglich besser verstehen, warum das Boxen zu einer so trendigen Sportart geworden ist.

Die faszinierenden Ursprünge des Boxens: Entdeckung der uralten Wurzeln

Das Boxen hat sich im Laufe der Jahrtausende auf unterschiedliche Weise entwickelt und zur Verbreitung von verschiedenen Stilen geführt, die heute noch von Enthusiasten praktiziert werden. Von den Gladiatoren im alten Rom bis hin zu den Faustkämpfen im 19. Jahrhundert hat das Boxen eine faszinierende Geschichte. In diesem Abschnitt erfahren Sie, wie der Sport entstanden ist und wie er sich im Laufe der Geschichte verändert hat.

Altes Ägypten und Griechenland

Antike griechische Boxer wurden auf einer Vase abgebildet. [1]

Die spektakuläre Geschichte dieses fantastischen Sports hat ihre Wurzeln in den antiken Zivilisationen von Ägypten, Griechenland und Rom. Die Griechen praktizierten das Boxen bereits im 7. Jahrhundert vor Christus. Tatsächlich wurde der Sport schnell zu einer der beliebtesten Sportarten der griechischen Kultur, mit Athleten, die an lokalen und nationalen Wettkämpfen teilnahmen. Der Sport wurde von mythischer Symbolik durchdrungen und galt als eine Allegorie für die Reise des Helden. In der altägyptischen Kunst werden Kämpfer mit bloßen Fäusten dargestellt, wie es bei einer der frühesten Formen des Boxens. Diese Kämpfe waren brutal und endeten oft tödlich, denn es gab keine Regeln, Handschuhe oder Gewichtsklassen. Stattdessen bandagierten die Kämpfer ihre Hände in Stoff oder Leder ein, was später zur Entwicklung der ersten Boxhandschuhe führte.

Boxen in Rom

Als der Sport auch im Römischen Reich eingeführt wurde, verwandelte sich das Boxen von einem Unterhaltungssport zu einem Schutzmittel -

Söldner und Soldaten trugen Faustkämpfe aus, um in Form zu bleiben und ihre Kampffähigkeiten zu testen. Mit der zunehmenden Verbreitung des römischen Einflusses wurde auch das Boxen zu einem festen Bestandteil der sportlichen Wettkämpfe, die als Gladiatorenspiele bekannt wurden. Bei diesen Spielen trafen sich die mutigsten und stärksten Kämpfer aus dem ganzen Reich und große Menschenmengen versammelten sich, um diesen gefährlichen und tödlichen Sport persönlich zu sehen.

Früheste Beweise

Die frühesten Belege für das Boxen stammen aus dem alten Sumerien, um etwa 3000 v. Chr., da wir wissen, dass die Menschen dort ihre Hände zum Schutz mit Lederstreifen bandagierten. Zunächst handelte es sich um eine einfache Form des Kampfes, aber der Sport wurde im Laufe seiner Entwicklung immer strukturierter und raffinierter. Im antiken Griechenland wurde das Boxen während der Olympischen Spiele im Jahr 688 v. Chr. noch populärer, da er bei einer der prestigeträchtigsten Veranstaltungen ausgetragen wurde. Die Boxer trugen Lederhandschuhe mit Metall- oder Bleispitzen, um ihren Gegnern mehr Schaden zufügen zu können. Die Kämpfe waren brutal und endeten oft mit schweren Verletzungen oder gar dem Tod.

Transformation des Sports

Im frühen 18. Jahrhundert veränderte das Boxen England. Mit den Boxregeln von 1743, die verschiedene Gewichtsklassen festlegten, das Beißen und Hauen verboten und die Verwendung von Handschuhen standardisierten, wurde der Sport besser organisiert. Der erste anerkannte Schwergewichts-Champion war der englische Faustkämpfer James Figg, der den Sport in den frühen 1700er Jahren dominierte. Er gründete eine Boxschule, in der er junge Kämpfer ausbildete, die später ebenfalls zu Champions wurden.

Jüngste Entwicklungen

Der erste moderne Boxkampf fand 1867 zwischen John Sholto Douglas, dem Marquis von Queensbury, und John Graham Chambers, dem Gründer des Amateur Athletics Club, statt. Der Kampf folgte den Regeln des Marquis von Queensbury, die eine dreiminütige Runde, Handschuhe und eine zehnsekündige Zählung für niedergeschlagene Kämpfer vorsahen. Diese Regeln revolutionierten den Sport und machten das Boxen für die breite Masse zugänglich.

Gegenwart

Das Boxen entwickelte sich im Laufe der Zeit weiter und erreichte seine moderne Form schließlich im 18. und 19. Jahrhundert in England. Die Engländer führten weitere Innovationen ein, wie etwa verschiedene Runden, Gewichtsklassen und die traditionellen Queensberry-Regeln, die noch heute verwendet werden. Darüber hinaus wurde das Boxen besser organisiert und war nicht mehr auf einen bestimmten Stil oder eine bestimmte soziale Struktur beschränkt. Seit seinen bescheidenen Anfängen als brutaler Sport hat sich das Boxen über lange Jahre hinweg weiterentwickelt und gehört heute zu einer der beliebtesten Sportarten der Welt.

Im Laufe des 20. Jahrhunderts traten viele berühmte Kämpfer in den Ring, Kämpfer wie Muhammad Ali, Joe Frazier und George Foreman. Diese Kämpfer brachten neue Fähigkeiten, Strategien und Taktiken mit in den Sport ein und machten ihn weltweit unterhaltsamer und beliebter. Doch das Auftauchen von Floyd Mayweather Jr. - der als einer der besten Kämpfer aller Zeiten gilt - hat die Boxwelt für immer verändert. Seine rekordverdächtigen Gewinne und seine ungeschlagenen Erfolgsserien machten ihn zu einer Legende des Sports.

Seit seinen bescheidenen Anfängen hat sich der Boxsport erheblich weiterentwickelt. Was einst eine primitive Form des Kampfes war, ist im Laufe der Zeit zu einem hochentwickelten Sport mit strengen Regeln und Vorschriften geworden, der die Sportarena weltweit dominiert. Die ersten Boxer ebneten den Weg für die Champions von heute, die dem Sport Ruhm, Ehre und Unterhaltung gebracht haben. Der Boxsport entwickelt sich auch heute noch weiter, und die Welt kann sich auf weitere spannende Kämpfe und legendäre Kämpfer freuen.

Boxen in der Gegenwart: Ein beeindruckendes Vermächtnis

Von den ersten Kämpfen im antiken Griechenland bis in die Gegenwart handelte es sich beim Boxen stets um einen physischen und mentaler Test von Kraft, Ausdauer und Geschicklichkeit. Das Boxen in der Gegenwart hat einige der größten Athleten und unvergesslichsten Momente der Sportgeschichte hervorgebracht. Vom goldenen Zeitalter des Muhammad Ali und seiner Rivalität mit Joe Frazier bis hin zu den jüngsten Triumphen von Floyd Mayweather Jr. und Manny Pacquiao bleibt der Boxsport eine Quelle der Inspiration und der Ehrfurcht für

Millionen von Fans weltweit.

Die Common Era des Boxens, auch bekannt als die *moderne Ära*, begann 1910, als der erste Schwergewichts-Champion, Jack Johnson, von Jim Jeffries in einem rassistischen und kontroversen Kampf entthront wurde. Diese Ära sah den Aufstieg von ikonischen Kämpfern wie Joe Louis, Rocky Marciano, Sugar Ray Robinson und Muhammad Ali, die ihre Divisionen dominierten und durch ihr Charisma, ihren Mut und ihren sozialen Einfluss enorme Erfolge verbuchen konnten.

Joe Louis, bekannt als „Brown Bomber", war rekordverdächtige 12 Jahre lang Schwergewichts-Champion und wurde wegen seines Sportsgeistes und Patriotismus zum Helden für schwarze und weiße Fans. Rocky Marciano, der einzige ungeschlagene Schwergewichts-Champion der Geschichte, war ein unerbittlicher und starker Kämpfer, der sich auf dem Höhepunkt seiner Karriere zurückzog, um sein Vermächtnis zu erhalten. Sugar Ray Robinson, der von vielen Experten als der größte pound-for-pound-Boxer aller Zeiten angesehen wird, verblüffte seine Gegner und Fans mit seiner Schnelligkeit, seiner Technik und seinem Showtalent.

Muhammad Ali, geboren als Cassius Clay, war eine Boxlegende, eine kulturelle Ikone und ein politischer Aktivist. Er gewann drei Schwergewichtstitel und bestritt einige der epischsten und umstrittensten Kämpfe der Geschichte, darunter sein Sieg im Jahr 1968 über Sonny Liston, 1971 sein Sieg über Joe Frazier im Kampf des Jahrhunderts und 1974 sein Rumble in the Jungle (in Zaire, Afrika) gegen George Foreman. Alis Charisma, sein Humor und seine Eloquenz machten ihn weltweit zu einer beliebten Kultfigur. Sein Widerstand gegen den Vietnamkrieg und sein Eintreten für die Bürgerrechte begeisterten Millionen von Menschen.

Während dieser Ära des Boxens gab es viele weitere große Champions und Rivalitäten, wie etwa Julio Cesar Chavez, Mike Tyson, Oscar De La Hoya, Roy Jones Jr., Lennox Lewis, Evander Holyfield, Bernard Hopkins und Manny Pacquiao. Diese Kämpfer zeichneten sich durch unterschiedliche Stile, Persönlichkeiten und Vermächtnisse aus, aber sie alle teilten die Leidenschaft für den Sport und den Wunsch, bis an ihre Grenzen zu gehen.

Heute entwickelt sich der Boxsport immer noch weiter und passt sich an neue Herausforderungen und Möglichkeiten an. Der Aufstieg von MMA (Mixed Martial Arts), das Wachstum der digitalen Medien und die Pandemie haben einen Einfluss darauf gehabt, wie der Sport gesehen und konsumiert wird, aber der Kernwert und die Spannung des Boxens sind intakt geblieben. Die aktuellen Champions und Anwärter wie Canelo Alvarez, Anthony Joshua, Terence Crawford, Gennady Golovkin, Ryan Garcia und Teofimo Lopez führen das Erbe der Größe fort, das der Boxsport seit über einem Jahrhundert pflegt.

Das Boxen in der heutigen Zeit ist nicht nur ein Sport, sondern auch ein Zeugnis menschlicher Widerstandsfähigkeit, Kreativität und Exzellenz. Die Kämpfer, die während dieser Ära in den Ring gestiegen sind, haben die Messlatte für künftige Generationen hoch gelegt und die Fans dazu inspiriert, große Träume zu haben und stets hart zu kämpfen. Ob Sie nun ein Gelegenheitszuschauer oder ein eingefleischter Fan sind, Boxen kann jedem, der eine gute Herausforderung, eine gute Geschichte und großartige Shows liebt, etwas bieten.

Im folgenden Abschnitt tauchen Sie tief in die Geschichten der Kämpfer ein, die diese Ära so besonders gemacht haben. Also, kommen Sie mit, es ist Zeit, in den Ring zu gehen.

Muhammad Ali

Muhammad Ali gilt einer der größten Boxer aller Zeiten - und das aus gutem Grund. Er gewann dreimal den Weltmeistertitel im Schwergewicht und war für seinen einzigartigen Kampfstil, seinen Humor und sein Charisma bekannt. Ali war ein blitzschneller Kämpfer, der „schwebte wie ein Schmetterling und stach wie eine Biene". Außerdem war er ein Bürgerrechtsaktivist, der ohne Rücksicht auf die Konsequenzen für seine Überzeugungen eintrat. Ali trat im Jahr 1981 vom Boxen zurück, blieb aber bis zu seinem Tod im Jahr 2016 eine Ikone des Sports und der Gesellschaft.

Bis heute gilt Muhammad Ali als einer der Größten aller Zeiten. ²

Frühes Leben und Karriere als Boxer

Muhammad Ali wurde am 17. Januar 1942 in Louisville, Kentucky, geboren. Er trat zum ersten Mal im Alter von 12 Jahren in den Ring und erkannte kurz darauf sein Talent. Ali gewann als Amateurboxer zahlreiche Titel und gewann im Jahr 1960 sogar die olympische Goldmedaille. Kurz darauf wurde er Profi und wurde mit 22 Jahren Weltmeister im Schwergewicht. Ali war der erste Boxer, der diesen Titel im Schwergewicht dreimal gewann.

Persönlichkeit und Aktivismus

Muhammad Ali war mehr als nur ein Boxer. Er war eine charismatische Persönlichkeit mit einer natürlichen Begabung zum öffentlichen Reden. Er war schlagfertig, charmant und hatte immer einen guten Witz parat. Aber Ali war auch ein politischer und sozialer Aktivist, der für seine Überzeugungen eintrat, auch wenn es nicht der Mode der Zeit entsprach. In den 1960er Jahren weigerte er sich zum Beispiel, in die Armee eingezogen zu werden, um im Vietnamkrieg zu kämpfen, und berief sich dabei auf seine religiösen Überzeugungen, mit welchen er seine Ablehnung begründete. Diese Entscheidung kostete ihn drei Jahre seiner Boxkarriere, aber er ließ nie von seinen Ansichten ab.

Alis Philanthropie

Muhammad Ali war nicht nur ein großartiger Sportler und Aktivist, sondern auch ein Philanthrop. Er engagierte sich für zahlreiche wohltätige Organisationen und Zwecke, darunter die Make-A-Wish Foundation (die schwerkranken Menschen einen Wunsch erfüllt) und die Special Olympics (den Olympischen Spielen für Menschen mit Behinderungen). Er gründete das Muhammad Ali Center, ein Museum und Kulturzentrum in seiner Heimatstadt Louisville, Kentucky, das Respekt, Verständnis und Toleranz fördern soll. Ali war fest dazu entschlossen, der Gesellschaft etwas zurückzugeben und seinen Ruhm und Einfluss für das Gute einzusetzen.

Alis Vermächtnis

Muhammad Alis Vermächtnis steht für Exzellenz, Mut und soziale Verantwortung. Er war ein Wegbereiter in der Welt des Sports und ebnete anderen afroamerikanischen Sportlern den Weg zum Erfolg. Sein politischer und sozialer Aktivismus inspirierte eine ganze Generation, denn er trat stets für seine Überzeugungen ein, auch dann, wenn es schwierig war. Er engagierte sich auf unzählige Arten für die Gesellschaft und hinterließ dadurch einen bleibenden Eindruck in der Welt.

Muhammad Alis Name wird folglich für immer mit Größe in Verbindung gebracht werden, und sein Vermächtnis wird noch über Generationen hinweg für Inspiration und Bewunderung sorgen.

Muhammad Ali war eine überlebensgroße Persönlichkeit, die einen bleibenden Eindruck in der Welt hinterlassen hat. Er war ein talentierter Sportler, ein politischer und sozialer Aktivist und ein Philanthrop. Vor allem aber war er ein großartiger Mensch, der andere dazu inspirierte, stets ihr Bestes zu geben. Das Vermächtnis und die Errungenschaften von Muhammad Ali werden noch Generationen später gefeiert werden und den Menschen in Erinnerung bleiben. Dadurch werden auch wir daran erinnert, wie viel ein einziger Mensch bewirken kann.

Mike Tyson

Mike Tyson war einer der aggressivsten und dominantesten Kämpfer in der Geschichte des Boxsports. Er wurde im Alter von 20 Jahren zum jüngsten Schwergewichts-Boxchampion und behielt diesen Titel drei Jahre lang. Tyson war bekannt für seine beeindruckende Beinarbeit, seine vernichtenden Schläge und seine einschüchternde Ausstrahlung. Er hatte eine kontroverse Karriere mit vielen persönlichen Problemen, aber Tyson bleibt trotz allem bis heute eine beliebte und einflussreiche Ikone des Boxens.

Mike Tyson wurde mit 20 Jahren zum jüngsten Schwergewichtschampion. [8]

Karriere

Die Boxkarriere von Mike Tyson begann bereits im Teenageralter. Sein Profidebüt gab er 1985 und dominierte seine Gegner auch in der professionellen Arena schnell. Tysons Stil war hart und aggressiv, was ihm zahlreiche Siege einbrachte. Er gewann seine ersten zwanzig Kämpfe durch k.o.-Schläge und wurde so zum aufstrebenden Superstar. Tyson gewann im Jahr 1986 seinen ersten Weltmeistertitel durch einen Sieg über Trevor Berbick und wurde zum jüngsten Schwergewichts-Champion in der Geschichte des Sports.

Bemerkenswerte Siege

Tysons Stil und Erfolg im Ring zementierten sein Vermächtnis als einer der größten Boxer aller Zeiten. Er wurde wegen seiner Kraft und Beweglichkeit gefürchtet und gewann im Laufe seiner Karriere weitere Weltmeistertitel. Zu Tysons bemerkenswerten Siegen gehören unter anderem sein k.o.-Sieg über Larry Holmes, sein Sieg über Michael Spinks und sein Kampf gegen Frank Bruno, bei dem er den WBC-Titel gewann. Tyson zog sich im Jahr 2005 mit 50 Siegen, sechs Niederlagen und zwei Nichtantritten aus dem Profiboxen zurück. Seine Kraft und seine Hingabe für den Sport machten ihn zu einer Ikone und einem Vorbild für Boxer auf der ganzen Welt. Tysons Vermächtnis im Boxsport ist bis heute unbestreitbar - er gilt als einer der berüchtigtsten Boxer der Geschichte.

Tysons Persönlichkeit

Tysons Wirkung geht über den Boxring hinaus. Seine Persönlichkeit und sein Charisma machten ihn zu einer Ikone der Popkultur. Er hat in zahlreichen Filmen, Fernsehsendungen und Musikvideos mitgewirkt. Außerdem erzählt Tysons Memoir „Undisputed Truth" seine Lebensgeschichte und vermittelt dem Publikum ein besseres Verständnis von dem Mann, der sich hinter den Handschuhen verbirgt. Mike Tysons Vermächtnis und seine Leistungen als Boxer haben viele inspiriert. Seine Stärke, seine Unverwüstlichkeit und seine Hingabe an den Sport haben ihn zu einer Legende gemacht. Tysons Karriere mag von Kontroversen überschattet worden sein, aber seine Entschlossenheit, diese Herausforderungen zu überwinden, machten ihn zu einem Vorbild für Boxer auf der ganzen Welt. Er wird immer daher für immer als einer der größten Boxer aller gelten, und sein Einfluss auf den Boxsport wird nie vergessen werden.

Floyd Mayweather Jr.

Floyd Mayweather Jr., auch bekannt als „Money", ist ein amerikanischer Boxer im Ruhestand, der sich großer Bekanntheit erfreut. Er gilt als einer der größten Boxer aller Zeiten und hat im Laufe seiner Karriere unvergleichliche Erfolgen in diesem Sport erzielt. Floyd Mayweather Jr. machte sich mit seinem unschlagbaren Kampfstil, einer beeindruckenden Anzahl von Siegen und einem verschwenderischen Lebensstil außerhalb des Rings einen Namen. Darüber hinaus haben Mayweather Jr.'s Talent und seine Hingabe ihm weltweite Anerkennung eingebracht, und er wird von vielen noch heute als der beste Defensivboxer aller Zeiten gefeiert. Lassen Sie uns einen Blick auf sein Vermächtnis und seine Leistungen als Boxer werfen und verstehen, was ihn zum ungeschlagenen Champion gemacht hat.

Hintergrund und Karriere

Mayweather Jr. wurde am 24. Februar 1977 in Grand Rapids, Michigan, geboren. Er begann schon früh mit dem Training, inspiriert durch die Boxerfahrung seiner Familie. Sein Vater, sein Onkel und sein Großvater waren alle Boxer und haben ihm Disziplin, harte Arbeit und Entschlossenheit beigebracht. Die professionelle Boxkarriere von Mayweather Jr. Begann im Jahr 1996, als er seinen ersten Profikampf gegen Roberto Apodaca gewann. Danach gewann er viele weitere Titel, darunter auch den WBC-Titel im Superfedergewicht, den WBC-Titel im Leichtgewicht, den WBA-Titel im leichten Mittelgewicht, den WBC-Titel im leichten Mittelgewicht, den WBA-Titel im Superweltergewicht, den WBC-Titel im Weltergewicht, den WBA-Titel im Halbweltergewicht, den IBF-Titel im Weltergewicht und den WBO-Titel im Weltergewicht.

Bemerkenswerte Siege

Mayweather Jr. ist bekannt für seinen berühmten Kampf gegen Manny Pacquiao im Jahr 2015, der als „Kampf des Jahrhunderts" bekannt wurde. Mayweather Jr. gewann den Kampf durch eine einstimmige Entscheidung und behielt seinen ungeschlagenen Rekord. Der defensive Kampfstil von Mayweather Jr. unterscheidet ihn von anderen Boxern. Er wurde noch nie ausgeknockt oder niedergeschlagen und nutzt seine Fähigkeit, Schlägen auszuweichen und die Kontrolle im Ring zu behalten. Seine Technik hat viele junge Boxer inspiriert, und seine Hingabe zum Training ist lobenswert. Abgesehen von seinen Erfolgen im Ring ist Mayweather Jr. auch für seinen verschwenderischen Lebensstil bekannt. Er stellt oft seinen Reichtum, seine schicken Autos, Privatjets und teuren Uhren zur Schau. Seine Fans lieben ihn für seine extravagante Persönlichkeit und sein Selbstbewusstsein innerhalb und außerhalb des Rings.

Das Vermächtnis von Floyd Mayweather Jr. als Boxer wird immer unvergleichlich bleiben. Sein unschlagbarer Rekord, seine beeindruckende Titelsammlung und sein defensiver Kampfstil machen ihn zu einem der größten Boxer aller Zeiten. Mit seiner Hingabe zum Training und zur Perfektionierung seines Handwerks hat er viele junge Boxer inspiriert. Sein verschwenderischer Lebensstil außerhalb des Rings hat ihn zu einer Berühmtheit gemacht. Das Vermächtnis von Floyd Mayweather Jr. als Boxer wird die Menschen noch über Generationen hinweg inspirieren und beeindrucken.

Andere bemerkenswerte Boxer

Neben Ali und Tyson gab es viele andere legendäre Boxer der Gegenwart, darunter Sugar Ray Leonard, Julio Cesar Chavez, Oscar De La Hoya und Manny Pacquiao. Diese Männer brachten ihren einzigartigen Stil und ihre Persönlichkeit in den Ring und schufen ein Vermächtnis, das Generationen geprägt hat. Sie haben dem Boxen, dem Sport und der Gesellschaft ihren Stempel aufgedrückt und Menschen auf der ganzen Welt dazu inspiriert, den Sport anzunehmen, ihre Träume zu verfolgen und Widrigkeiten zu überwinden. Ihre Errungenschaften und Beiträge werden weiterhin gefeiert und auf verschiedene Weise untersucht, von Büchern und Dokumentationen bis hin zu Filmen und Kunst. Sie haben neue Maßstäbe für den Sport gesetzt und ihr Vermächtnis wird auch zukünftige Boxer und Athleten dazu inspirieren, nach Größe zu streben.

Boxen ist immer noch eine der beliebtesten und meistgesehenen Sportarten weltweit. Heute widmen sich viele talentierte Boxer diesem Sport und bauen ihr eigenes Vermächtnis auf. Der Einfluss von Ali, Tyson und anderen bemerkenswerten Boxern der Gegenwart hält an, da jüngere Kämpfer versuchen, ihren Stil und Erfolg nachzuahmen. Der Sport wäre nicht derselbe ohne diese großen Männer, deren Vermächtnis die Menschen auf der ganzen Welt weiterhin inspirieren und unterhalten wird.

Das Boxen ist eine zeitlose Kunst, und künftige Generationen von Kämpfern werden weiterhin von den Erfolgen der Großen lernen, die mit ihren eigenen Leistungen angefangen haben.

Dieses Kapitel behandelt die Ursprünge des Boxens, den Wandel des Sports während der Gegenwart und einige der bemerkenswertesten Boxer dieser Zeit. Von Muhammad Ali bis Floyd Mayweather, Jr. haben diese Männer den Sport auf einzigartige Weise geprägt und dem Boxsport, der Gesellschaft und der Welt einen unauslöschlichen Stempel aufgedrückt. Das Vermächtnis dieser Größen inspiriert und unterhält Menschen jeden Alters, und ihre Leistungen werden noch viele Jahre lang studiert, gefeiert und nachgeahmt werden.

Kapitel 2: Erste Schritte beim Boxen I: Regeln und Kampfstile

Möchten Sie mit dem Boxen beginnen, brauchen aber Hilfe, um herauszufinden, wo Sie anfangen sollen? Dann ist es an der Zeit, dass Sie sich rüsten und die Regeln und Kampfstile des Sports lernen.

Das Boxen dehnt nicht nur der körperlichen Fitness, sondern ist auch ein aufregender Sport zum Zuschauen und Mitmachen. Es gibt eine Vielzahl von Kampfstilen, von denen jeder seine eigenen Techniken und Strategien hat. Bevor Sie jedoch in den Ring steigen, sollten Sie die grundlegenden Regeln des Boxens, die richtige Kampfhaltung und die Art und Weise, wie man Schläge austeilt und sich verteidigt, kennenlernen.

Dieses Kapitel behandelt die allgemeinen Regeln des Boxens, das Regelwerk „Queensberry-Code of Rules for Boxing" und die verschiedenen Kampfstile. Von Schwarmboxern und „Konterschlagern" bis hin zu „Sluggern" und „Outboxern" finden Sie hier eine detaillierte Beschreibung jedes Stils, so dass Sie herausfinden können, welcher Ansatz am besten zu Ihnen passt. Die Liebe zum Boxen können Sie mit Freunden, der Familie oder Fremden teilen. Lassen Sie uns also in die Feinheiten des Boxens einsteigen und einige grundlegende Boxregeln gemeinsam erkunden.

Allgemeine Regeln des Boxens: Alles, was Sie wissen müssen

Boxen ist ein Sport, der von Millionen von Menschen auf der ganzen Welt bewundert wird.'

Das Boxen ist eine der beliebtesten Sportarten weltweit. Millionen von Fans genießen die Aufregung und den Nervenkitzel jedes Kampfes. Um das Spektakel zu genießen und die Kunst des Boxens schätzen zu lernen, ist es jedoch wichtig, die Regeln und Vorschriften ausreichend gut zu verstehen. Hier sind die allgemeinen Regeln, die Sie unbedingt kennen sollten, bevor Sie mit dem Zuschauen oder der Teilnahme an diesem Sport beginnen.

Zielsetzung

Das Hauptziel eines Boxkampfes ist es, je nach Sportart entweder durch einen k.o. Schlag oder nach Punkten zu gewinnen. Für einen k.o.-Sieg muss der Gegner so ausgeknockt werden, dass er 10 Sekunden lang nicht mehr in den Kampf zurückkehren kann, oder ein Ringrichter bricht den Kampf ab, weil der Boxer Gefahr läuft, sich ernsthaft zu verletzen oder anderweitig Schaden zu nehmen (technisches k.o.). Im Gegensatz dazu wird ein Sieg nach Punkten gegeben, wenn ein Kämpfer innerhalb der Kampfdauer mehr erfolgreiche Schläge auf den Gegner landet.

Bewertung

Die Bewertung basiert beim Boxen auf der Anzahl der erfolgreichen Schläge, die während des Kampfes gelandet werden. Außerdem bewerten die Punktrichter jeden Boxer nach seiner Fähigkeit, Schläge auf den Körper oder den Kopf des Gegners zu landen. Der Schlag muss mit dem vorderen Teil des geschlossenen Handschuhs landen, und nur Schläge, die oberhalb der Taille landen, werden berücksichtigt. Schläge unterhalb der Taille werden als Fouls gewertet, es sei denn, der Kopf des Boxers wurde auf diese Höhe gesenkt.

Fouls

Beim Boxen gibt es strenge Regeln, die festlegen, wann ein Foul vorgefallen ist. Zu den üblichen Fouls gehören das Festhalten des Gegners, Schläge unterhalb der Gürtellinie, Schläge auf den Hinterkopf und Kopfstöße. Boxer dürfen ihre Ellbogen oder andere Körperteile nicht benutzen, um den Gegner zu treffen. Außerdem dürfen Boxer ihren Gegner nicht beißen, bespucken oder ihm absichtlich Schaden zufügen.

Der Tonfall der Stimme

Ein Boxer muss beim Boxen einen respektvollen Ton und ein respektvolles Verhalten an den Tag legen. Respektloses Verhalten wie das Verspotten eines Gegners oder Beleidigungen gelten als unprofessionell und sind potenziell gefährlich. Boxer müssen die Anweisungen des Schiedsrichters befolgen und den Kampf beenden, wenn sie dazu aufgefordert werden. Die Nichtbefolgung derartiger Anweisungen kann zur Disqualifikation führen.

Schutzausrüstung

Schutzausrüstung ist sowohl für Amateur- als auch für Profiboxer unerlässlich. Die wichtigste Schutzausrüstung ist ein Mundschutz, der die Zähne und das Zahnfleisch vor Schäden schützt. Boxern wird außerdem empfohlen, Handschützer und Handschuhe zu tragen, um die Hände und Handgelenke vor Frakturen bei Schlägen zu schützen. Außerdem schützt der Kopfschutz beim Boxen den Kopf und das Gesicht vor Schnitten und Prellungen. Profiboxer tragen in der Regel nur Handschuhe und einen Mundschutz, während Amateurboxer in der Regel mehr Schutzausrüstung tragen.

Das Queensberry-Regelwerk für den Boxsport: Eine kurze Geschichte

Boxen ist ein Sport, den es schon seit der Zeit der alten Griechen gibt, der aber erst Mitte des 19. Jahrhunderts ein einheitliches Regelwerk bekommen hat. Der „Queensberry-Code of Rules for Boxing" wurde im Jahr 1867 eingeführt und läutete eine neue Ära des Boxens ein, in der Sicherheit, Fairness und Sportsgeist im Vordergrund standen. Lassen Sie uns die Ursprünge des Queensberry-Codes, seine wichtigsten Merkmale und seine Auswirkungen auf den Boxsport einmal genauer unter die Lupe nehmen.

Die Ursprünge des Queensberry-Code

Vor der Einführung des Queensberry-Code war Boxen ein brutaler und oft tödlicher Sport. Die Veranstalter ließen oft Männer mit sehr unterschiedlichen Größen gegeneinander antreten, was zu Verletzungen und manchmal sogar zum Tod führte. Die Regeln waren minimal und die Kämpfe wurden so lange fortgesetzt, bis ein Kämpfer kampfunfähig war. Dies führte schließlich zu einem öffentlichen Aufschrei und zu Forderungen nach Reformen. Im Jahr 1865 schrieb John Sholto Douglas, der 9. Marquess von Queensberry, einen Brief an die Zeitung „Sporting Life" und forderte einheitliche Regeln für den Boxsport. Zwei Jahre später wurde der Queensberry-Code veröffentlicht, der eine neue Ära des Fair Play und der Sicherheit im Boxsport einläutete.

Die wichtigsten Merkmale des Queensberry-Code

Der Queensberry-Code führte mehrere neue Regeln ein, die noch heute gelten. Erstens schrieb er die Verwendung von Handschuhen vor, um Verletzungen und Todesfälle in diesem Sport zu vermeiden. Er legte die Länge der Runden (drei Minuten), die Anzahl der Runden (bis zu 15) und die Dauer der Pausen zwischen den Runden (eine Minute) fest. Der Kodex führte das Konzept des „down and out" ein - wenn ein Kämpfer zu Boden ging und nicht innerhalb von 10 Sekunden wieder aufstehen konnte, war der Kampf vorbei. Darüber hinaus verbot der Queensberry-Code Grappling, Ringen und andere Formen des „Foulspiels".

Die Auswirkungen des Queensberry-Code

Der Queensberry-Code hatte einen unmittelbaren und tiefgreifenden Einfluss auf den Boxsport. Er machte das Boxen für die Kämpfer sicherer und für das Publikum angenehmer, was seine Popularität erhöhte. Der

Kodex brachte eine neue Generation von Profiboxern hervor, die im Boxen geschult waren, anstatt sich hauptsächlich auf rohe Kraft zu verlassen. Darüber hinaus legte er den Rahmen für moderne Boxkämpfe fest, einschließlich Gewichtsklassen, Ranglisten und Meisterschaftskämpfe. Auch heute noch ist der Queensberry-Code in den meisten Ländern der Welt die Grundlage für alle Boxregeln.

Der „Queensberry-Code of Rules for Boxing" war ein Meilenstein in der Geschichte des Boxsports. Er verwandelte das Boxen von einem brutalen und oft tödlichen Spektakel in einen Sport, bei dem noch heute Geschicklichkeit, Sportsgeist und Fairness im Vordergrund stehen. Der Kodex schuf ein einheitliches Regelwerk und läutete die Ära des modernen Boxens ein, wie wir es heute kennen. Dank der Vision von John Sholto Douglas, dem 9. Marquess von Queensberry, ist das Boxen heute ein sicherer und angesehener Sport.

Verschiedene Kampfstile

Boxen ist ein Sport, der den Kämpfern Präzision, Kraft und Beweglichkeit erfordert. Bei so vielen verschiedenen Kampfstilen bringt jeder Boxer eine einzigartige Herangehensweise in den Ring, von der auffälligen Beinarbeit eines Muhammad Ali bis zu den verheerenden Aufwärtshaken eines Mike Tyson. Die Vielfalt der Boxstile sorgt jedes Mal für einen spannenden Kampf. Ganz gleich, ob ein Boxer die defensive Taktik des Gegenschlagens oder die unerbittliche Offensive des Swarmer-Stils bevorzugt, die Schönheit dieses Sports liegt in der Kreativität und Anpassungsfähigkeit jedes Kämpfers. Wer wird sich also im Ring durchsetzen? Die Antwort liegt in der einzigartigen Kombination aus Strategie und Athletik der beiden Kämpfer.

Der Swarmer-Stil: Die Kunst des Druckkampfes im Boxen

Jeder Boxstil hat seinen eigenen Charme. Beim Swarmer-Stil geht es um pausenlose Aggression und Druck. Sogenannte Schwärmer oder „Swarmer" sind bekannt für ihre unerbittliche Vorgehensweise und ihren ständigen Druck. Sie verbringen die meiste Zeit auf der Innenseite des Gegners und setzen ihn harten Schlägen und Kombinationen aus. Lassen Sie uns tiefer in den Swarmer-Stil eintauchen, seine Geschichte erkunden und erklären, wie er funktioniert.

Ursprünge

Der Swarmer-Boxstil verbreitete sich im frühen 20. Jahrhundert und wurde von Boxern wie Rocky Marciano und Joe Frazier populär gemacht. Der Stil zeichnet sich durch die Fähigkeit des Boxers aus, erfolgreich in die Deckung des Gegners einzudringen und schnelle, kraftvolle Schläge aus nächster Nähe zu landen. Darüber hinaus sind Swarmerboxer für ihre hohe Ausdauer und den intensiven Druck auf ihre Gegner bekannt. Sie üben konstanten und unerbittlichen Druck aus, um ihre Gegner mit der Zeit zu zermürben.

Grundlagen

Swarmerboxer sind in der Regel kleiner, haben aber einen kräftigen Körperbau und eine hohe Ausdauer. Ihre Strategie ist es, in die Deckung des Gegners einzudringen und schnell mehrere Schläge zu platzieren. So versuchen Sie, den Gegner in die Defensive zu drängen, nach vorne zu drängen und in mit Schlagkombinationen zu attackieren. Dieser Stil eignet sich hervorragend für Boxer mit einem starken Kinn, die Schläge abfangen können, da sie in der Regel recht häufig getroffen werden.

Attribute

Eine entscheidende Eigenschaft eines Swarmerboxers ist seine Beinarbeit. Seine Beine müssen schnell und wendig sein, um erfolgreich durch die Deckung des Gegners zu gelangen und sich in Schlagweite zu bringen. Swarmerboxer sind geschickt darin, Schlägen auszuweichen und sich einen Weg in die Deckung des Gegners zu bahnen. Sie brauchen jedoch ausgezeichnete Reflexe und ein Gefühl für die richtige Distanz, um effektive Schläge zu landen.

In der Popkultur

Der Swarmer-Stil wurde vor allem von Boxern wie Mike Tyson verwendet, der für seine unerbittlichen Angriffe, schnellen Schlagkombinationen und seine unglaubliche Schlagkraft bekannt ist. Tyson nutzte diesen Stil, um im Alter von 20 Jahren die Schwergewichtsmeisterschaft zu gewinnen und war damit der jüngste Schwergewichtschampion der Geschichte. Andere bemerkenswerte Boxer, die ebenfalls den Swarmer-Stil einsetzten, waren Joe Frazier, Roberto Duran und Julio Cesar Chavez.

Der Swarmer-Stil ist eine aufregende und effektive Kampfart im Boxen. Der Stil erfordert vom Kämpfer eine hohe Ausdauer, hervorragende Beinarbeit und unerbittlichen Druck auf den Gegner.

Swarmerkämpfer sind bekannt für ihre Fähigkeit, in die Deckung des Gegners einzudringen und kraftvolle Schläge in schneller Folge zu landen.

Entfesseln Sie die Kraft des Outboxer-Boxstils

Boxen ist ein Kampfsport, bei dem Disziplin, Konzentration, Schnelligkeit und Strategie erforderlich sind, um Kämpfe zu gewinnen. Einer der überzeugendsten Boxstile ist der Outboxer-Stil. Dieser Stil legt den Schwerpunkt auf weitreichende Schläge, Beweglichkeit und Beinarbeit, um den Gegner auszumanövrieren. Im Folgenden finden Sie einen kurzen Überblick über den Out-Boxer-Boxstil, wie er funktioniert und warum er eine hervorragende Strategie für das Arsenal eines Boxers ist.

Der Outboxer-Stil wird oft als der „Schlagen und nicht getroffen werden"-Stil des Boxens bezeichnet. Das Hauptziel ist es dabei, eine sichere Distanz zum Gegner beizubehalten, indem man viel Beinarbeit und Beweglichkeit einsetzt und sich auf Schläge aus großer Entfernung konzentriert. Diese Taktik funktioniert nur mit schnellen Reflexen, genauem Timing und einer hervorragende Hand-Augen-Koordination, was für jeden erfolgreichen Boxer unerlässlich ist.

Ein Boxer muss gut mit den verschiedenen Schlägen und Kombinationen vertraut sein, um die Outboxer-Taktik effektiv einzusetzen. Der sogenannte „Jab" ist ein Standardschlag, der sowohl in der Offensive als auch in der Defensive eingesetzt wird. Er hält den Gegner effektiv auf Distanz und bereitet andere Schläge vor. Der Kreuzschlag, der Haken und der „Uppercut" gehören zu den anderen Schlägen, die im Outboxer-Stil verwendet werden. Diese Schläge schaffen Winkel, stören das Gleichgewicht des Gegners und erhöhen die Gefahr von Gegenangriffen.

Die Beinarbeit ist ein wesentlicher Bestandteil des Kampfstils eines Outboxers. Die Kämpfer müssen beweglich und effizient sein, um sich in und aus der Reichweite zu bewegen und dabei das richtige Gleichgewicht und die richtige Technik zu bewahren. Die Beinarbeit des Outboxers kombiniert Drehungen, Kreisen und seitliche Bewegungen, so dass sie ihre Gegner schnell und effizient ausmanövrieren können. Die Verteidigung spielt beim Outboxer-Stil eine wichtige Rolle, denn hier geht es besonders um die Verteidigung vor der Offensive. Sie nutzen ihre Beinarbeit, um zu kreisen und den Schlägen des Gegners auszuweichen. Sie verlassen sich auf ihre Boxhaltung, ihre Kopfbewegungen und eine Kombination aus Blockierungen, Ausweichmanövern und Pariertaktiken, um nicht getroffen zu werden und gleichzeitig einen Gegenangriff vorzubereiten.

Eine Herausforderung des Outboxer-Stils ist, dass er vom Kämpfer außergewöhnliche Ausdauer erfordert. Die Boxer müssen sich über einen längeren Zeitraum schnell bewegen, Schläge aus großer Entfernung ausüben und dabei ihre Genauigkeit, ihr Timing und ihre Geschwindigkeit beibehalten. Sie müssen die Geduld haben, auf den richtigen Moment zu warten, um zuzuschlagen, und sie müssen ihre überlegenen Bewegungen nutzen, um sich Gelegenheiten für entscheidende Schläge zu schaffen. Der Outboxer-Stil ist eine ausgezeichnete Boxstrategie, die Ihnen eine einzigartige Mischung aus Geschwindigkeit, Genauigkeit und Beweglichkeit bietet. Es handelt sich um eine intelligente Technik, die es dem Boxer ermöglicht, das Tempo des Kampfes zu kontrollieren und gleichzeitig den Gegner auf Distanz zu halten. Allerdings erfordert die Beherrschung dieses Stils Disziplin, Konzentration, konsequentes Training und die Entwicklung spezifischer Fähigkeiten und Techniken.

Angehende Boxer können mehr über den Outboxer-Stil lernen und ihn meistern, indem sie erfolgreiche Outboxer-Kämpfer beobachten und ihnen nacheifern und mit erfahrenen Trainern zusammenarbeiten, die die Feinheiten dieses Kampfstils verstehen. Wenn Sie ein erfolgreicher Boxer werden wollen, sollten Sie den Outboxer-Stil in Ihr Repertoire aufnehmen und darauf vorbereitet sein, Ihre Kraft und Präzision im Ring zu entfesseln.

Was ist der Slugger-Boxstil und warum sollten Sie ihn ausprobieren?

Boxen ist ein Ganzkörpertraining, das Ihre Koordination und Ihre allgemeine Sportlichkeit schult. Bei so vielen verschiedenen Boxstilen kann es jedoch schwierig sein, den für Sie am besten geeigneten zu finden - hier kommt der Slugger-Boxstil ins Spiel. Diese Form des Boxens kombiniert Kraft mit Aggression. Wenn Sie also gerne auf Tuchfühlung gehen, könnte dies der perfekte Boxstil für Sie sein. Aber lassen Sie uns zunächst einmal ergründen, was den Sluggerboxing Style so einzigartig macht.

Schwer auf Macht

Der Slugger-Boxstil ist dafür bekannt, dass er sich stark auf Kraft und gezielte Schläge verlässt. Das bedeutet, dass es beim Slugger-Boxen darum geht, harte Schläge durchzuführen und mit der eigenen Kraft gezielt umzugehen, anstatt sich wie bei anderen Boxstilen auf schnelle Bewegungen und Beweglichkeit zu verlassen. Der Slugger-Boxstil ist perfekt für diejenigen, die eine natürliche Begabung für Kraft und anhaltende Stärke haben.

Konzentriert auf den Nahkampf

Ein weiteres wichtiges Element dieses Boxstils ist der Fokus auf den Nahkampf. Sie müssen sich sozusagen in der Hosentasche wohlfühlen und Schläge aus der unmittelbaren Umgebung des Gegners landen und einstecken können, um beim Slugger-Stil erfolgreich zu sein. Wenn Sie also gerne für andere in die Bresche springen und schmutzig kämpfen, könnte der Slugger-Boxstil etwas für Sie sein.

Geeignet für größere Boxer

Wenn Sie über zwei Meter groß sind, kann es schwierig sein, einen Boxstil zu finden, der zu Ihnen passt. Viele Boxtaktiken beruhen auf Beweglichkeit und Schnelligkeit, die für größere Boxer schwieriger absolvieren können. Der Slugger-Boxstil ist jedoch perfekt für einen größeren Kämpfer, da er Stärke und Kraft betont, was sich gut mit Boxern, die eine größere Reichweite haben, vereinbaren lässt.

Der Stil erfordert eine angemessene Verteidigungsstrategie

Während beim Slugging die Offensive und die harten Schläge im Vordergrund stehen, ist die Entwicklung solider Verteidigungsfähigkeiten gleichzeitig ebenso entscheidend. Da Sie sich ständig nah am Gegner befinden, müssen Sie sich vor den Schlägen Ihres Gegners gut schützen. Wenn Sie sich nicht richtig verteidigen, sind Sie anfälliger für Schläge auf den Körper, was Ihre Ausdauer verringert, Ihre Atmung beeinträchtigt und Ihren Schutz schwächt. Üben Sie daher Ihre Verteidigungstechniken und verbessern Sie sie ständig, um sich vor heftigen Angriffen zu schützen.

Fördert Disziplin und Konzentration

Jeder Boxstil erfordert harte Arbeit und Hingabe. Slugger-Boxing ist da keine Ausnahme, denn es erfordert viel Übung und Konzentration, aber der Lohn ist immens. Durch die Konzentration auf Bewegungen und Techniken, die sich auf Körperkraft und Power stützen, sorgt Slugging für Disziplin, die sich auch auf andere Aspekte des Lebens überträgt. Durch regelmäßiges Training und Ausdauer lernen Sie stets, konzentriert zu bleiben und Hindernisse innerhalb und außerhalb des Rings zu überwinden.

Der Slugger Boxstil ist ein einzigartiger Boxstil, der perfekt für jeden geeignet ist, der seine körperliche Kraft und seine Nahkampffähigkeiten verbessern möchte. Diese Boxtaktik ist eine dynamische und zugleich herausfordernde Methode, um Ihre Beweglichkeit, Kraft und Ausdauer zu verbessern. Der Slugger-Boxstil erfordert Hingabe und harte Arbeit, aber die körperlichen Vorteile und die Disziplin sind immens. Wenn Sie mit dem Gedanken spielen, verschiedene Boxstile in Kombination auszuprobieren, ist der Slugger-Boxstil eine hervorragende Option, um Ihr Training insgesamt zu verbessern.

Entfesseln Sie einen Konterschlag: Warum es sich lohnt, diesen Boxstil zu erlernen

Der Konterschlag (Gegenschlag) ist eine Taktik, die Ihnen gegenüber Ihrem Gegner einen Vorteil verschaffen kann. Dieser Boxstil nutzt die aggressiven Bewegungen Ihres Gegners und verwandelt diese in Möglichkeiten für einen effektiven Gegenangriff. Die Beherrschung eines Boxstils erfordert zwar Zeit und Mühe, aber es lohnt sich, diesen Stil zu erlernen; in folgenden Abschnitt erfahren Sie, warum.

Die Kraft der Überraschung

Der Konterschlag funktioniert dann gut, wenn Sie die Erwartungen Ihres Gegners ausnutzen können. In einem Moment denkt er, dass er die Oberhand hat. Im nächsten Moment wird er dann von der Effektivität Ihres Gegenschlages überrascht. Damit haben Sie die Kontrolle und können das Selbstvertrauen Ihres Gegners erschüttern, so dass er zögert, bevor er es wagt, Sie erneut anzugreifen.

Die Wichtigkeit der Verteidigung

Wie jeder Boxer weiß, ist die Verteidigung genauso wichtig wie der Angriff. Beim Konterschlag steht die Verteidigung im Vordergrund. Sie werden sich darauf konzentrieren, den Angriffen Ihres Gegners auszuweichen und sie zu blockieren, um so Gegenangriffsmöglichkeiten zu schaffen, die Sie mit einem Konterschlag ausnutzen können.

Strategisches Denken

Der Konterschlag erfordert von Ihnen viel Strategie und Timing. Sie müssen die Bewegungen Ihres Gegners lesen, seine Angriffe vorhersehen und wissen, wann Sie zuschlagen müssen, um die Effektivität Ihres Gegenschlags zu maximieren. Diese Fähigkeit verbessert Ihre Boxleistung und hilft Ihnen dabei, zu einen strategischeren Denker zu werden.

Vielseitigkeit

Einer der wichtigsten Vorteile Konterschlags, ist dessen Vielseitigkeit. Diese Taktik kann gegen verschiedene Gegner eingesetzt werden, von aggressiven Schlägern bis hin zu kalkulierten Boxern, was sie zu einer wertvollen Fähigkeit macht, die sich für diverse Situationen gut eignet. Das Wichtigste ist es dabei, zu üben, Ihre Fähigkeiten zu verfeinern und wachsam zu bleiben, um sich einen Vorteil im Ring zu verschaffen.

Vertrauen aufbauen

Schließlich kann das Erlernen vom Konterschlag Wunder für Ihr Selbstvertrauen im Ring bewirken. Je vertrauter Sie mit der Taktik werden, desto mehr Kontrolle entwickeln Sie während des Kampfes, was zu kühnen und selbstbewussten Bewegungen führt, die letztendlich zu besseren Leistungen und Siegen führen. Das Selbstvertrauen, das sich durch die Beherrschung dieser Technik einstellt, ist kaum zu überschätzen und jede Mühe wert.

Der Konterschlag ist eine schwierige Taktik, die gelernt sein will, aber deren Vorteile sind zahlreich. Es ist kein Wunder, dass viele Boxer diese Technik als unverzichtbares Werkzeug in ihrem Arsenal betrachten, da sie den Gegner in die Irre führt, Ihre Verteidigung verbessert und strategisches Denken, Vielseitigkeit und Selbstvertrauen fördert. Ziehen Sie also in Erwägung, diese Technik bei Ihrem nächsten Training mit in Ihr Repertoire aufzunehmen und beobachten Sie, wie Ihre Boxfähigkeiten und Ihr Selbstvertrauen stetig wachsen.

Mixed Martial Arts (MMA)

Mixed Martial Arts (MMA) ist eine Mischung aus verschiedenen Kampfsportarten, die sich auf Schlag- und Ringtaktiken konzentriert. Während MMA-Kämpfer vor allem Ellbogen, Knie und Tritte einsetzen, um Punkte zu erzielen oder ihre Gegner auszuknocken, ist das Boxen ein wesentlicher Aspekt des Sports. Der Boxstil betont die Bedeutung von präziser Beinarbeit, Kopfbewegungen und kraftvollen Schlägen. Lassen Sie uns die Bedeutung des Boxens im MMA erkunden und herausfinden, wie MMA-Kämpfer Ihr Können nutzen, um ihre Gegner im Käfig zu dominieren.

Mixed Martial Arts ist eine Mischung aus verschiedenen Kampfstilen.⁵

Beinarbeit und Kopfbewegung

Beim Boxen geht es vor allem um Beinarbeit und Kopfbewegungen; das Gleiche gilt für MMA. Ein MMA-Kämpfer muss sogenannte Takedowns und Schläge vermeiden, während er sich um den Käfig herum bewegt. Eine gute Beinarbeit ermöglicht es dem Kämpfer, in und aus der Reichweite zu kommen, die richtige Distanz zu halten und seine Schlagwinkel in Echtzeit anzupassen. Bei der Kopfbewegung bewegt der Verteidiger seinen Kopf, um einem Schlag auszuweichen und gleichzeitig einen Gegenschlag zu landen. Diese Taktik ist für Boxer unerlässlich und kann in das MMA integriert werden.

Beurteilen von Schlägen und Kombinationen

Beim Boxen geht es darum, die Schläge des Gegners einzuschätzen und zu antizipieren, welche Schläge als Nächstes kommen. Es ist unglaublich wichtig, die Bewegungen des Gegners zu lesen, sei es dessen Mimik, die Körpersprache oder die Art, wie er sich bewegt. Ein Boxer muss lernen, Kombinationen durchzuführen, um seinen Gegner in die Falle zu locken und einen k.o.-Schlag zu landen. MMA-Kämpfer nutzen diese Taktik, um die Bewegungen ihres Gegners vorauszusehen und einen effektiven Gegenangriff zu starten.

„Power Punches" und Verteidigung

Ein sogenannter Power Punch ist ein Schlag mit k.o.-Kraft oder mit der Fähigkeit, dem Gegner erheblichen Schaden zuzufügen. Power Punches können aus verschiedenen Winkeln eingesetzt werden und zielen darauf ab, den Gegner zu Boden zu bringen oder eine Öffnung für einen Folgeschlag zu schaffen. MMA-Kämpfer verwenden Power Punches und integrieren sie in Angriffsmuster, bei denen Sie versuchen, den Gegner zu Boden zu bringen und ihn dort weiter anzugreifen. Auch die Verteidigung, mit einem ähnlichen Ansatz wie beim Boxen ist ein wesentlicher Bestandteil des MMA. Die Kämpfer verwenden Schulterrollen, Parierbewegungen und Ausweichmanövern, um Schlägen und Gegenangriffen zu entkommen, wenn ihre Gegner sich entblößen.

Beinarbeit und Ringkontrolle

Bei der Beinarbeit geht es darum, die Kontrolle über den Ring zu behalten, sich Angriffswinkel zu schaffen und sich für den Angriff oder eine Verteidigung optimal zu positionieren. Beim MMA muss der Kämpfer den Ring kontrollieren, d.h. er muss sich gegen einen Ringer oder BJJ-Kämpfer (Brazilian Jiu-Jitsu) vom Ring fernhalten und sich so positionieren, dass er effektive Schläge einsetzen kann. Effektive Beinarbeit und Käfigkontrolle können den Unterschied zwischen Sieg und Niederlage in einem jeden Kampf ausmachen.

Konditionierung und Kampf-IQ

Das Boxen im MMA erfordert ein hohes Maß an Kondition, mentaler Vorbereitung und Kampf-IQ. Die Kämpfer müssen in der Lage sein, über mehrere Runden hinweg mit hoher Intensität zuzuschlagen und gleichzeitig die Ausdauer haben, in den späteren Runden zu ringen. Zum Kampf-IQ gehört ein hohes Maß an Kampfbewusstsein, das es einem Kämpfer ermöglicht, sich an das Tempo eines Kampfes anzupassen, gelassen zu bleiben und Strategien auf der Grundlage der Fähigkeiten des Gegners umzusetzen. Um ein erstklassiger MMA-Boxer mit einem Fight IQ zu sein, müssen Sie regelmäßig boxen, sich auf Ihre Kondition konzentrieren, Ihren Gegner studieren und neue Techniken lernen.

Ob es um Beinarbeit, Kopfbewegungen, kraftvolle Schläge, Verteidigung oder sogar Kampf-IQ geht, Boxen kann MMA-Kämpfern den Vorteil verschaffen, ihre Kämpfe zu dominieren und schneller zu gewinnen. Außerdem verbessert das richtige Erlernen und Anwenden dieser Techniken die Chancen der Kämpfer, einen Kampf zu gewinnen, erheblich. Daher sollten aufstrebende MMA-Kämpfer das Boxen in ihr

Trainingsprogramm aufnehmen, um ihr Spiel zu verbessern, ihre Erfolgschancen zu erhöhen und schließlich Champions zu werden.

Boxen ist ein Sport, der nichts für schwache Nerven ist. Ziel des Boxens ist es, den Gegner durch Schläge auszuschalten oder mehr Punkte zu erzielen als er. Allerdings müssen viele Regeln und Vorschriften befolgt werden, um einen fairen Kampf zu gewährleisten. Kein Boxer würde sich absichtlich für ein Foul bestrafen lassen.

Der „Queensberry-Code of Rules for Boxing" ist der Standard für alle Boxkämpfe. Jenseits der Regeln gibt auch noch verschiedene Kampfstile, die Boxer anwenden. Einige sind Swarmerboxer - immer in der Offensive, während andere Outboxer sind, die lieber aus der Distanz kämpfen. Es gibt Boxer, die auf den k.o.-Schlag aus sind, und solche, die lieber mit dem Gegenschlag warten, bis sie sicher zuschlagen können. Durch den Aufstieg der Mixed Martial Arts (MMA) hat das Boxen eine neue Dimension bekommen. Mit seinen vielen Stilen und Regeln wird das Boxen Sie stets auf Trab halten.

Kapitel 3: Einstieg in den Boxsport II: Ausrüstung und Kondition

Sind Sie bereit, selbst mit dem Boxtraining zu beginnen? Wenn Sie selbst ein guter Boxer werden wollen, müssen Sie in eine hochwertige Ausrüstung investieren. Von Handschuhen und Kleidung bis hin zu Handbandagen und Fitnessgeräten - Ihre Ausrüstung ist entscheidend dafür, dass Sie gut geschützt sind und Ihr Bestes geben können. Ganz gleich, ob Sie nach atmungsaktiven Stoffen oder Polsterungen suchen, die Wahl der richtigen Kleidung kann Ihren Komfort und Ihre Leistung erheblich beeinflussen. Wenn Sie wie ein Profiboxer trainieren möchten, ist es wichtig, dass Sie mit der richtigen Ausrüstung beginnen.

In diesem Kapitel werden verschiedene Arten von Boxbekleidung und -ausrüstung besprochen, darunter auch Handschützer und Handschuhe. Es befasst sich außerdem mit Fitnessübungen, um Ihren Körper auf den Kampf vorzubereiten. Das Kapitel schließt mit Tipps von Boxexperten zum körperlichen Training ab. Denken Sie daran, dass auch die beste Boxausrüstung und die besten Fitnessübungen nur dann effektiv sind, wenn Sie sich richtig ernähren. Wenn Sie an das Ende dieses Kapitels gelangen, sollten Sie die Feinheiten des Boxens besser verstehen.

Die ultimative Einführung zum Thema Boxausrüstung, Kleidung und Equipment

Wenn Sie leidenschaftlich gerne boxen, wissen Sie sicher bereits, dass die richtige Ausrüstung den entscheidenden Unterschied für Ihr Training und Ihre Leistung ausmachen kann. Die Wahl Ihrer Ausrüstung und Kleidung kann jedoch bei der Vielzahl der verfügbaren Optionen überwältigend sein. In diesem Abschnitt erfahren Sie alles, was Sie für ein erfolgreiches und sicheres Boxtraining benötigen, von Handschuhen über Mundschutz und Bekleidung bis hin zum Rest der Ausrüstung.

Handschuhe

Boxhandschuhe.

Ein gutes Paar Handschuhe ist für jeden Boxer unerlässlich. Handschuhe gibt es in verschiedenen Gewichtsklassen, in der Regel von 8 bis 20 Unzen. Das richtige Gewicht hängt von Ihrem eigenen Gewicht und Ihrem Leistungsniveau ab. Wenn Sie ein Anfänger sind, sollten Sie mit einem leichteren Handschuh beginnen. Achten Sie bei der Wahl der Handschuhe auf die Passform und den Verschluss, Schnürung oder Klettverschluss. Lederhandschuhe sind haltbarer, aber Hybridhandschuhe aus Nylon und Kunstleder sind leichter.

Handbandagen

Handbandagen schützen Ihre Hände, Handgelenke und Knöchel. [7]

Handbandagen sind genauso wichtig wie Handschuhe. Sie schützen Ihre Hände, Handgelenke und Knöchel vor Verletzungen. Bandagen gibt es in verschiedenen Längen, aber eine 180-Zoll-Bandage ist die gebräuchlichste Variante. Das Umbandagieren Ihrer Hände hilft Ihnen, Ihre Handschuhe besser greifen zu können. Die grundlegende Technik besteht dabei darin, zunächst Ihr Handgelenk, die Knöchel und die Finger zu bandagieren.

Mundschutz

Der Mundschutz hilft dabei, Ihre Zähne zu schützen. [8]

Der Schutz Ihrer Zähne ist beim Boxen das A und O. Ein Mundschutz ist ein preiswertes und effektives Hilfsmittel, das Sie vor Mund- und in schweren Fällen auch vor Hirnverletzungen bewahren kann. Den Mundschutz gibt es in zwei Basisversionen und er kann so angepasst werden, dass er Ihren Zähnen bequem passt. Er muss dick genug sein, um die Wucht eines Schlags absorbieren zu können.

Kleidung

Die richtige Kleidung ist nicht nur für das Aussehen wichtig, sondern auch für den Komfort und die Sicherheit. Boxshorts sind in der Regel locker geschnitten und reichen bis zur Mitte des Oberschenkels, um die Bewegungsfreiheit des Trägers zu maximieren. Ein guter Trainingsschuh, der Ihre Knöchel stützt, ist ein wesentlicher Bestandteil der Ausrüstung. Tragen Sie ein Baumwollhemd oder eine Baumwollweste und einen Sport-BH (für Frauen), damit Sie sich wirklich wohlfühlen.

Boxausrüstung

Als Letztes geht es um die Boxausrüstung. Es gibt verschiedene Ausrüstungen, darunter zum Beispiel Trainingsboxsäcke, die auf Trainingsgeschwindigkeit, Gewicht oder mit einem doppelten Ende auf die Bedürfnisse des Trainierenden abgestimmt sind. Achten Sie stets darauf, dass die Ausrüstung zu Ihren körperlichen Fähigkeiten passt. Sie werden die besten Ergebnisse erzielen, wenn Sie mit der richtigen Ausrüstung trainieren.

Die Kunst und Wissenschaft der Handbandage beim Boxen

Wenn Sie das Boxen ernst nehmen, wissen Sie, wie wichtig es ist, dass Sie Ihre Hände beim Training und bei Wettkämpfen schützen. Die richtigen Handbandagen bieten Ihnen eine wertvolle Unterstützung und Schutz für Ihre Handgelenke, Knöchel und Finger. Sie verbessert Ihre Schlagkraft und verringert das Risiko von Verletzungen. In diesem Abschnitt werden die Kunst und die Wissenschaft des Bandagierens Ihrer Hände beim Boxen erörtert.

Wählen Sie die richtige Art von Handbandage

Auf dem Markt sind verschiedene Arten von Handbandage erhältlich, von normalen Baumwollbandagen bis hin zu Gelbandagen mit zusätzlicher Polsterung. Welches Material Sie wählen, hängt von Ihren Vorlieben und Bedürfnissen ab. Baumwollbandagen sind die gängigste und günstigste Option. Wenn Sie jedoch eine zusätzliche Polsterung benötigen, könnte eine Gelbandage die bessere Wahl sein.

Bereiten Sie Ihre Bandagen ordnungsgemäß vor

Bevor Sie mit dem Bandagieren beginnen, vergewissern Sie sich, dass der Stoff sauber und trocken ist. Jegliche Feuchtigkeit oder etwaiger Schweiß können zu Irritationen und Unbehagen beim Training oder Wettkampf führen. Rollen Sie die Bandage außerdem fest auf und bewahren Sie sie in einem verschließbaren Beutel auf, damit sie sich nicht verheddern und damit ihre Elastizität erhalten bleibt. Wenn Sie Gelbandagen verwenden, schütteln Sie diese vor dem Anlegen etwas.

Technik des Einbandagierens

Es gibt kein Patentrezept für das richtige Bandagieren Ihrer Hände. Es gibt viele verschiedene Methoden, aber es liegt letztlich an Ihnen, herauszufinden, welche für Ihre Handgröße und -form am besten geeignet ist. Hier ist ein allgemeiner Leitfaden für die gängigsten Bandagen:

1. Beginnen Sie, indem Sie die Schlaufe über Ihrem Daumen platzieren.
2. Wickeln Sie die Bandage mehrmals um Ihr Handgelenk, so dass eine Basis für den Knöchelschutz entsteht.
3. Bandagieren Sie Ihre Fingerknöchel mehrmals um und kreuzen Sie den Stoff dabei stets auf dem Handrücken.
4. Bedecken Sie den Daumen und bandagieren Sie weiter bis zum Handgelenk. Sichern Sie den Stoff am Ende mit einem Klettverschluss oder Klebeband.

Häufige Fehler, die Sie vermeiden sollten

Einige häufige Fehler, die Menschen beim Bandagieren ihrer Hände machen, können die Wirksamkeit der Bandage verringern oder zu Unbehagen und Verletzungen führen. Dazu gehören die folgenden:

1. Zu festes Einpacken und Einschränkung von Blutfluss und Bewegung.
2. Der Daumen wird nicht abgedeckt und bleibt somit ungeschützt.
3. Die Knöchel werden zu locker oder zu fest abgedeckt, wodurch sie geschwächt oder in ihrer Beweglichkeit eingeschränkt werden.

Pflegen Sie Ihre Bandagen

Nehmen Sie Ihre Bandagen nach dem Training oder Wettkampf vorsichtig ab, reinigen Sie sie gründlich und lassen Sie sie an der Luft trocknen. Das ist nötig, um die Ablagerung von Schweiß und Bakterien zu minimieren, die Geruch und Reizung verursachen können. Ersetzen Sie Ihre Wraps außerdem sofort, wenn sie an Elastizität verloren haben oder Verschleiß aufweisen. Eine lose Bandage bietet Ihren Händen nicht den nötigen Schutz und Halt.

Das Bandagieren der Hände mag Ihnen wie eine Kleinigkeit vorkommen, aber diese Maßnahme kann Ihre Leistung und Sicherheit beim Boxen erheblich beeinflussen. Daher ist es wichtig, dass Sie die richtige Bandage für Ihre Zwecke auswählen, sie richtig vorbereiten und die richtigen Bandagewickelmethoden anwenden, um maximalen Halt, Komfort und Schutz zu gewährleisten. Denken Sie außerdem daran, häufige Fehler zu vermeiden und Ihre Bandagen zu pflegen, um deren Lebensdauer und Wirksamkeit zu verlängern. Wenn Sie diese Tipps befolgen, können Sie sicherstellen, dass Ihre Hände geschützt und in der Lage sind, im Ring k.o.-Schläge zu erzielen.

Beste Kleidung und Handschuhe für den Boxsport

Egal, ob Sie neu im Boxen sind oder schon eine Weile trainieren, die richtige Kleidung und die richtigen Handschuhe sind entscheidend, um Ihre Leistung zu steigern und sich vor Verletzungen zu schützen. Bei der unendlichen Auswahl kann es aber schwierig sein, die besten Investitionen auszumachen. Dieser Abschnitt befasst sich mit der besten Kleidung und den besten Handschuhen für den Boxsport.

Boxhandschuhe

Boxhandschuhe sind die wichtigste Ausrüstung in diesem Sport. Sie schützen Ihre Hände und Handgelenke vor Verletzungen, während Sie gleichzeitig kraftvolle Schläge erzielen können. Der Handschuh, den Sie wählen, sollte sich nach Ihren Zielen und Ihrer Erfahrung richten. Idealerweise sollten Anfänger ein leichteres Paar Handschuhe mit einem Gewicht von 10-14 Unzen wählen, während Profis schwerere Handschuhe mit 16-20 Unzen Gewicht nutzen können. Die Marken „Everlast", „Cleto Reyes", „Winning und Rival" stellen die besten Handschuhe her.

Boxschuhe

Boxschuhe können Ihnen zu einer besseren Leistung verhelfen. ⁹

Boxschuhe sollten leicht, stützend und stabil sein, wenn Sie sich im Ring bewegen. Suchen Sie nach Schuhen mit einer Gummisohle, damit Sie sich besser drehen können, und einem hohen Knöchel, der Ihnen ausreichend Halt bietet und verhindert, dass Ihre Knöchel umknicken. „Adidas", „Title" und „Ringside" gehören zu den besten Marken, Sie sollten diese Anbieter beim Kauf von Boxschuhen beachten.

Boxershorts

Boxerhosen müssen nicht teuer sein, aber sie sollten bequem sein und Ihnen freie Beweglichkeit ermöglichen. Vermeiden Sie Baumwollshorts, da sie zu viel Schweiß aufsaugen und schwer werden. Entscheiden Sie sich stattdessen für Nylon oder Polyester mit geteilten Seitennähten, um die Flexibilität der Kleidung zu erhöhen. Zu den empfohlenen Top-Marken gehören unter anderem „RDX", „Venum" und „Hayabusa".

Boxkopfbedeckung

Wenn Sie Sparring üben möchten, müssen Sie immer einen Kopfschutz tragen. Kopfbedeckungen bieten Ihnen zusätzlichen Schutz und verringern das Risiko von Schnittverletzungen und Hirnverletzungen. Ihr Kopfschutz sollte eng anliegen und ausreichend gepolstert sein, um Stöße zu absorbieren. Einige beliebte Marken, die für die Herstellung von hochwertigem Kopfschutz bekannt sind, sind „Title", „Ringside" und „Winning".

Eine hochwertige Boxausrüstung ist eine wichtige Investition, um Ihre Boxfähigkeiten zu verbessern. Die richtige Ausrüstung steigert Ihre Leistung und schützt Sie vor Verletzungen. Boxhandschuhe, Schuhe, Shorts, Handschützer und Kopfbedeckungen sind die wichtigsten Gegenstände, die es in Ihrer Ausrüstung gibt. Wenn Sie in hochwertige Ausrüstung von vertrauenswürdigen Marken investieren, kommen Sie Ihrem Ziel, eines Tages selbst zum Profi zu werden, einen Schritt näher.

Fitnesstraining für Boxer: Trainieren Sie Ihren Körper und Geist, um zum Champion zu werden

Der Boxsport gehört zu den beliebtesten Sportarten der Welt und bietet Ihnen eine großartige Möglichkeit, um fit und gesund zu bleiben. Um zum erfolgreichen Boxer zu werden, bedarf es großer Anstrengung und Hingabe. Es geht nicht nur um harte Schläge, sondern auch um Taktik, Geschwindigkeit, Beweglichkeit und Ausdauer. In diesem Abschnitt geht es um alles, was mit der Fitness von Boxern zu tun hat.

Kann jeder mit dem Training als Boxer beginnen?

Die Antwort ist ein großes JA. Jeder, der sich für das Boxen begeistert und sich engagiert, kann mit dem Lernen und Trainieren als Boxer beginnen. Unabhängig von Ihrem Alter oder Körperbau ist Boxen für jeden geeignet. Es ist jedoch wichtig zu wissen, dass Boxen ein intensiver Sport ist, der Konzentration und Disziplin erfordert. Wenn Sie also bereit dazu sind, hart zu arbeiten und zu schwitzen, gibt es keinen Grund, warum Sie nicht selbst zum großartigen Boxer werden können.

Trainieren Sie Ihren Körper auf das Boxen

Boxen ist ein intensiver Sport, der Ihrem Körper viel abverlangt, daher ist eine gute Vorbereitung unerlässlich. Herz-Kreislauf-Übungen sind ein grundlegender Aspekt des Boxens, daher sollten Sie Laufen, Seilspringen und Radfahren in Ihr Trainingsprogramm mit aufnehmen. Außerdem sind Kraftübungen wie Liegestütze, Klimmzüge und Kniebeugen ein Muss für den Aufbau starker Arme, Beine und der Stärkung der Körpermitte.

Ernährung und ihre Rolle beim Boxen

Eine gesunde und ausgewogene Ernährung ist für Boxer ebenso wichtig, um Höchstleistungen zu erbringen. Kämpfer brauchen viel Energie, um das harte Training und die Kämpfe durchzuhalten. Am besten ist es, sich proteinreich, kohlenhydratreich und mit gesunden Fetten zu ernähren. Dazu gehören Huhn, Fisch, Vollkornprodukte, Gemüse und Obst. Es ist wichtig, dass Sie den ganzen Tag über ausreichend Flüssigkeit zu sich nehmen, denn Dehydrierung kann sich negativ auf Ihre Leistung auswirken.

Psychische Gesundheit und Boxen

Boxen erfordert immense Konzentration und mentale Stärke. Die mentale Verfassung eines Boxers beeinflusst seine Leistung, daher ist es wichtig, dass Sie an Ihrer mentalen Gesundheit arbeiten. Praktizieren Sie Meditation, Yoga oder Visualisierung, um während Ihrer Kämpfe ruhig und konzentriert zu bleiben. Außerdem ist es wichtig, dass Sie sich erreichbare Ziele setzen und Ihre Erfolge feiern.

Allgemeines Krafttraining

Krafttraining ist nicht mehr nur etwas für Bodybuilder oder Gewichtheber. Es ist zu einem unverzichtbaren Bestandteil jeder Fitnessroutine geworden, und jeder, unabhängig von Alter oder Geschlecht, kann davon profitieren. Als Experten auf dem Gebiet des Krafttrainings haben die Boxer viele wertvolle Erkenntnisse zu bieten. Bei ihren Trainingsplänen geht es darum, ihre Boxfähigkeiten und ihre allgemeine Kraft und Kondition zu verbessern. In diesem Abschnitt finden Sie einige der allgemeinen Tipps der besten Boxer zum Krafttraining.

Lassen Sie das Aufwärmen nicht weg

Vor einem intensiven Training ist es wichtig, dass Sie sich richtig aufwärmen. Die meisten Boxtrainer empfehlen, dass Sie mit leichten Aerobic-Übungen zu beginnen, um Ihr Blut in Wallung zu bringen. Einige ihrer bevorzugten Aufwärmübungen sind Hampelmänner, Joggen, Seilspringen und Schattenboxen. Diese Übungen tragen dazu bei, dass sich Ihre Herzfrequenz erhöht, die Muskeln aufgewärmt werden und das Verletzungsrisiko verringert wird.

Fokus auf Ganzkörperübungen

Die beste Strategie, um schneller Kraft aufzubauen, besteht darin, sich auf Übungen zu konzentrieren, die aus einer Zusammensetzung von verschiedenen Bewegungen bestehen. Bei diesen Übungen werden mehrere Muskelgruppen gleichzeitig beansprucht. Beispiele für Ganzkörperübungen sind Kniebeugen, Ausfallschritte, Kreuzheben, Bankdrücken und Klimmzüge. Diese Bewegungen tragen zur Entwicklung von Kraft und Stabilität bei, was sich positiv auf Ihre Boxtechniken und Ihre allgemeine körperliche Gesundheit auswirkt.

Integrieren Sie plyometrische Übungen

Plyometrische Übungen beinhalten Sprünge und explosive Bewegungen, um explosive Kraft zu entwickeln. Boxer machen oft plyometrische Übungen, um ihre Geschwindigkeit, Beweglichkeit und Koordination zu verbessern. Zu den plyometrischen Übungen gehören Boxsprünge, Burpees, Sprunghocken, Klatsch-Liegestütze und mehr.

Nehmen Sie sich Ruhetage

Es ist wichtig, dass Sie das Übertrainieren vermeiden, und erfahrene Boxer empfehlen meist Ruhetage zwischen den Trainingseinheiten, damit sich die Muskelfasern regenerieren und reparieren können. Ruhe ist für den Aufbau von Kraft ebenso wichtig wie Training, also planen Sie genügend Ruhezeiten in Ihr Programm ein. Streben Sie zwei bis drei Tage pro Woche an. Konzentrieren Sie sich an den verbleibenden Tagen auf Krafttrainingsübungen.

Bleiben Sie konsequent

Konsequenz ist der Schlüssel zum Erreichen Ihrer Ziele beim Krafttraining. Es geht nicht darum, eine Woche lang jeden Tag zu trainieren und die nächste Woche aufzugeben. Stattdessen geht es darum, eine konsistente Routine beizubehalten und für langfristige Ergebnisse zu sorgen. Boxtrainer empfehlen, mindestens drei bis vier Krafttrainingseinheiten pro Woche anzustreben und die Gewichte im Laufe der Zeit allmählich zu erhöhen.

Wenn Sie das Krafttraining in Ihre Fitnessroutine integrieren, können Sie sich stärkere Muskeln aufbauen, Ihre Ausdauer erhöhen und Ihre allgemeine körperliche Gesundheit verbessern. Wenn Sie beim Krafttraining auf Experten hören und von ihnen lernen, können Sie sich ein effektiveres Trainingsprogramm erstellen. Denken Sie daran, Aufwärmübungen einzubauen, sich auf zusammengesetzte Übungen zu konzentrieren, plyometrische Übungen einzubeziehen, Ruhetage einzulegen und konsequent zu trainieren. Wenn Sie diese Tipps befolgen, können Sie Ihre Ziele beim Krafttraining erreichen und Ihre allgemeine Gesundheit verbessern.

Kernübungen zur Verbesserung der Schlagkraft

Ganz gleich, ob Sie Profiboxer sind oder Kampfsportarten betreiben, eine solide Rumpfmuskulatur ist unerlässlich, um kraftvolle Schläge durchzuführen. Das Rumpftraining bezieht sich auf die Bauch-, Rücken- und Hüftmuskeln, die alle zusammenarbeiten, um Ihren Körper zu stabilisieren und die Kraft vom Boden auf Ihre Fäuste zu übertragen. In diesem Abschnitt lernen Sie fünf praktische Rumpfübungen kennen, mit denen Sie Ihre Schlagkraft verbessern und Ihre Taktik auf die nächste Stufe bringen können.

Liegestützposition

Die Liegestützposition eignet sich hervorragend für den Aufbau der Rumpfkraft, da sie Ihre gesamte Körpermitte beanspruchen, einschließlich des Bauches, des Rückens und der Hüften. Bei der grundlegenden Liegestützposition halten Sie eine Übung so lange wie möglich und lassen Ihren Körper dabei gerade und parallel zum Boden. Wenn Sie eine zusätzliche Herausforderung suchen, können Sie Plankenvariationen wie seitliche Liegestützhalte, Beinheben oder Liegestützgang einsetzen. Wenn Sie Liegestützhalteübungen mit in Ihr Trainingsprogramm einbauen, entwickeln Sie eine hervorragende Stabilität und Kontrolle, so dass Sie mit weniger Anstrengung kraftvollere Schläge durchführen können.

Russischer Rotation

Die Russische Rotation ist eine hervorragende Übung, um Ihre seitlichen Bauchmuskeln, also die Muskeln an den Seiten Ihrer Taille, zu trainieren. Um diese Übung zu meistern, sollten Sie Folgendes tun:

1. Setzen Sie sich auf den Boden, bringen Sie die Füße flach auf den Boden und die Knie gebeugt.
2. Halten Sie dabei ein Gewicht oder einen Medizinball mit beiden Händen fest und drehen Sie Ihren Oberkörper nach rechts, wobei das Gewicht in Ihren Händen den Boden berühren sollte.
3. Drehen Sie sich anschließend nach links und wiederholen Sie die Bewegung. Diese Übung entwickelt die Rotationskraft Ihres Oberkörpers, die für die Erzeugung von Kraft bei Ihren Schlägen unerlässlich ist.

Russische Rotation.

Toter Käfer

Die Übung „Toter Käfer" zielt auf Ihre unteren Bauchmuskeln ab und hilft Ihnen dabei, die Stabilität Ihrer Bauchmuskeln zu verbessern. Um diese Übung durchzuführen:

1. Legen Sie sich auf den Rücken und strecken Sie Ihre Arme und Beine zur Decke.
2. Senken Sie den rechten Arm und das linke Bein, bis sie knapp über dem Boden schweben. Kehren Sie dann in die Ausgangsposition zurück und wiederholen Sie den Vorgang auf der gegenüberliegenden Seite.
3. Drücken Sie Ihren unteren Rücken in den Boden, um eine Beugung der Lendenwirbelsäule zu vermeiden, und achten Sie bei dieser Übung auf die richtige Technik.

Toter Käfer.

Medizinballwerfen

Medizinballwürfe gelten als eine fantastische Methode, um die explosive Kraft Ihrer Schläge zu steigern, indem Sie Ihren Körper darauf trainieren, die Kraft schnell in den Ball zu übertragen. Um diese Übung durchzuführen, stellen Sie sich mit schulterbreit auseinanderstehenden Füßen hin und halten Sie einen Medizinball über Ihren Kopf. Werfen Sie den Ball so hart wie möglich auf den Boden, fangen Sie ihn dann beim Abprall auf und wiederholen Sie die Übung. Diese Übung wird Ihnen dabei helfen, Ihre Geschwindigkeit und Kraft zu verbessern, so dass Sie blitzschnelle Schläge durchführen können, die es in sich haben.

Medizinballwurf.

Knie-zum-Ellbogen

Das Knie-zum-Ellbogen Training (auch als Bicycle Crunches bekannt) ist eine klassische Bauchmuskelübung, die Ihre Bauchmuskeln und die schräge Bauchmuskulatur anspricht und die Rotationskraft Ihres Rumpfes fördert. Um diese Übung durchzuführen:

1. Legen Sie sich auf den Rücken, lassen Sie die Hände hinter dem Kopf und die Knie gebeugt.
2. Heben Sie Ihre Schulterblätter vom Boden hoch und bringen Sie Ihren rechten Ellbogen zum linken Knie, während Sie Ihr rechtes Bein gerade ausstrecken.
3. Wechseln Sie die Seite und wiederholen Sie die Übung.

Durch viele Wiederholungen dieser Übung werden sowohl Ausdauer als auch Rumpfkraft gesteigert, was für das Boxen unerlässlich sind.

Knie zum Ellbogen. [10]

Die Verbesserung Ihrer Schlagkraft erfordert eine Kombination von Training und Technik, aber die Stärkung Ihrer Körpermitte durch gezielte Übungen macht einen wesentlichen Unterschied. Wenn Sie diese fünf Übungen für die Körpermitte in Ihre Trainingsroutine einbauen, werden Sie spürbare Verbesserungen bei Ihrer Stabilität, Kraft und Geschwindigkeit feststellen. Denken Sie daran, stets auf die richtige Technik zu achten und die Intensität der Übungen mit der Zeit zu steigern, um die besten Ergebnisse zu erzielen. Mit Hingabe und

Konsequenz werden Sie Ihre Schlagkraft erhöhen und im Ring zunehmend dominieren.

Intervalltraining und andere Möglichkeiten, um sich als Boxer zu verbessern

Sind Sie ein Boxer, der nach Möglichkeiten sucht, um seine Fähigkeiten zu verbessern? Oder vielleicht fangen Sie gerade erst an und möchten wissen, wie Sie sich verbessern können? Was auch immer Ihre Situation ist, dieser Abschnitt stellt Ihnen das Intervalltraining und andere Möglichkeiten vor, um sich als Boxer zu verbessern. Diese Tipps werden Ihre Fähigkeiten verfeinern, Ihre Ausdauer verbessern und Ihnen das Erreichen ihrer Ziele im Ring ermöglichen.

Intervalltraining

Das Intervalltraining eignet sich hervorragend zum Aufbau von Ausdauer und zur Steigerung der Fitness. Bei diesem Training wechseln sich Phasen intensiver Bewegung mit Ruhephasen ab. Sie könnten zum Beispiel 30 Sekunden lang sprinten und sich dann 30 Sekunden lang ausruhen. Dieser Zyklus kann für eine bestimmte Zeit oder eine bestimmte Anzahl von Wiederholungen wiederholt werden. Intervalltraining ist praktisch, weil es Ihren Körper dazu bringt, härter zu arbeiten, mehr Kalorien zu verbrennen und die Ausdauer zu steigern. Integrieren Sie das Intervalltraining in Ihr Trainingsprogramm, um optimale Ergebnisse zu erzielen.

Schattenboxen

Das Schattenboxen ist eine weitere effektive Möglichkeit, mit der Sie sich als Boxer verbessern können. Bei dieser Trainingstechnik üben Sie Ihre Bewegungen ohne einen Gegner. Die Trainingsmethode kann überall durchgeführt werden und bietet Ihnen eine großartige Möglichkeit, an Beinarbeit, Schlägen und Kombinationen zu arbeiten. Konzentrieren Sie sich darauf, Ihre Kampfform und Technik zu perfektionieren und beschleunigen Sie Ihre Bewegungen, sobald Sie sich wohler fühlen. Schattenboxen kann entweder Aufwärmtraining oder eine eigenständige Übung sein, die dazu dient, Ihre Fähigkeiten zu verbessern.

Sparring

Das Sparring ist ein wesentlicher Bestandteil des Boxtrainings. Es gibt Ihnen die Möglichkeit, Ihre Bewegungen in einer realistischen Umgebung zu üben und aus Ihren Fehlern zu lernen. Sparring findet mit einem

Partner oder einem Trainer statt und ist hervorragend geeignet, um die Reaktionszeit und die Beweglichkeit zu verbessern. Tragen Sie die richtige Schutzausrüstung und fangen Sie langsam an, um Verletzungen zu vermeiden. Mit zunehmender Erfahrung können Sie die Intensität des Sparrings allmählich steigern.

Kardiovaskuläre Konditionierung

Kardiovaskuläres Training ist für jeden Athleten wichtig, insbesondere für Boxer. Es verbessert die Ausdauer und erhöht das hohe Arbeitstempo während der Kämpfe. Integrieren Sie ein Herz-Kreislauf-Training in Ihre Routine, indem Sie laufen, schwimmen, Rad fahren oder ein Cardiogerät im Fitnessstudio benutzen. Versuchen Sie, täglich mindestens 30 Minuten Herz-Kreislauf-Training zu machen oder mehr, wenn Sie sich auf einen Kampf vorbereiten.

Investieren Sie in hochwertige Handschuhe, Handschützer und einen Mundschutz, um sich vor Verletzungen zu schützen und Ihr Selbstvertrauen im Ring zu stärken. Sobald Sie Ihre Ausrüstung haben, ist es an der Zeit, sich auf Ihre körperliche Verfassung zu konzentrieren. Boxen erfordert Kraft, Ausdauer und Beweglichkeit. Integrieren Sie also Cardio-, Kraft- und Flexibilitätsübungen in Ihr Programm. Denken Sie daran, dass Sie unbedingt an Ihrer Beinarbeit und Ihrem Gleichgewicht arbeiten müssen. Mit der richtigen Ausrüstung und körperlichen Vorbereitung werden Sie schneller bereit sein, in den Ring zu steigen und Ihren inneren Boxer zu entfesseln.

Kapitel 4: Haltung, Fokus und Beinarbeit

Boxen ist ein unglaublicher Sport, der körperliche Kraft, geistige Agilität und schnelle Reflexe erfordert. Einer der wichtigsten Faktoren beim Boxen ist Ihre Haltung, die die Effektivität Ihrer Bewegungen und Schläge bestimmt. Eine starke und stabile Haltung ist entscheidend, um in jedem Kampf die Oberhand zu behalten. Aufmerksamkeit und Fokus sind ebenso wichtig, um sich vor eintreffenden Schlägen zu schützen und um offensive Schläge vorzubereiten. Aber vergessen Sie nie die Beinarbeit. Eine gute Beinarbeit ermöglicht es Ihnen, sich selbstbewusst im Ring zu bewegen und Schlägen auszuweichen.

Wenn diese Fähigkeiten kombiniert werden, entsteht ein spannender und dynamischer Kampf, und die Beherrschung dieser Fertigkeiten kann Sie einen Schritt näher an den Status eines Champions bringen. In diesem Kapitel finden Sie die wichtigsten Haltungs-, Deck- und Beintechnikübungen, um Ihnen den Einstieg in das Training zu erleichtern. Um selbst ein vielseitiger Boxer zu werden, müssen Sie Ihren Körper, Ihren Geist und Ihre Seele trainieren. Beherzigen Sie die Tipps der in diesem Kapitel erwähnten Experten, und Sie werden schnell auf dem besten Weg sein, Ihre Fähigkeiten zu verbessern und Ihr Boxspiel auf die nächste Stufe zu heben.

In Position gehen: Verschiedene Boxhaltungen verstehen

Eines der ersten Dinge, die Sie beim Boxtraining lernen, ist die Bedeutung der richtigen Standhaltung. Wie Sie Ihre Füße, Hände und Ihren Körper positionieren, entscheidet über den Erfolg Ihrer Schläge und die Wirksamkeit Ihrer Verteidigung. Dieser Abschnitt befasst sich mit den Grundlagen der gängigsten Boxhaltungen und gibt Ihnen Tipps dazu, wie Sie nahtlos zwischen ihnen wechseln können.

Die orthodoxe Haltung

Die orthodoxe Haltung gilt als die normale Boxhaltung. [11]

Die orthodoxe Haltung ist beim Boxen am weitesten verbreitet. Sie ist so bekannt, dass sie oft als „normale" Haltung bezeichnet wird. Dabei ist

Ihr Körper so positioniert, dass Ihre linke Seite nach vorne zeigt, und Ihr linker Fuß steht stets vor dem rechten. Ihre linke Hand wird zum Schutz Ihres Gesichts hochgehalten, während Ihre rechte Hand dicht an Ihrem Kinn positioniert wird, um kraftvolle Schläge zu ermöglichen. Diese Haltung bietet Ihnen eine gute Kombination aus Angriff und Verteidigungsposition, so dass viele Boxanfänger hier beginnen. Denken Sie daran, dass Sie Ihren linken Ellbogen in der orthodoxen Haltung immer dicht an den Körper halten sollten.

Die „Southpaw"-Haltung

Die Southpaw-Haltung ist beim Boxen weniger weit verbreitet.

Die sogenannte Southpaw-Haltung ist zwar weniger weit verbreitet, aber im Boxen dennoch unverzichtbar. Bei dieser Haltung zeigt Ihre rechte Seite nach vorne, und Ihr rechter Fuß steht vor dem linken. Ihre linke Hand wird dicht vor Ihr Gesicht gehalten, während Ihre rechte Hand nach vorne ausgestreckt wird, um Jabs und Haken zu schlagen. Der Kampf gegen Linkshänder kann dabei eine Herausforderung sein, da ihre Haltung für die meisten Boxer ungewohnt ist und ihre Schläge aus unerwarteten Winkeln kommen. Diese Haltung erfordert mehr Geschick und Übung, um sie zu beherrschen. Wenn Sie sich aber erst einmal daran gewöhnt haben, können Sie Ihre Gegner mit der Southpaw-Haltung überraschen.

Haltung wechseln

Die Fähigkeit, die Haltung schnell zu wechseln, ist für Boxer unerlässlich.

Boxer müssen dazu in der Lage sein, ihre Haltung schnell und effektiv zu wechseln. Diese Fähigkeit kann eine mächtige Waffe im Kampf gegen Gegner sein, die es gewohnt sind, aus einer bestimmten Haltung heraus zu kämpfen. Um die Haltung zu wechseln, machen Sie mit dem hinteren Fuß einen Schritt nach vorne oder hinten, drehen Sie den vorderen Fuß und rotieren Sie die Hüfte. Halten Sie Ihre Deckung während des gesamten Übergangs aufrecht, um sich vor Gegenschlägen zu schützen. Üben Sie den Standwechsel regelmäßig, um sicherzustellen, dass Sie sich in der orthodoxen und der Southpaw-Haltung wohl fühlen und sicher sind.

Anpassungen der Haltung

Die Haltung eines Boxers muss je nach Situation angepasst werden. Wenn Sie beispielsweise gegen einen größeren Gegner kämpfen, ist es von Vorteil, wenn Sie Ihre Fäuste und Ihren Körper niedriger positionieren, um unter seinen Schlägen durchzutauchen und ihn kraftvollen Schlägen auf den Körper auszusetzen. Wenn Sie dagegen gegen einen kleineren Gegner kämpfen, ist es einfacher, ihn auf Distanz zu halten, wenn Sie Ihre eigene Haltung erhöhen. Achten Sie also auf die Haltung Ihres Gegners und passen Sie Ihre Körperposition entsprechend an, um die Oberhand zu gewinnen.

Vorteile der korrekten Haltung

Mithilfe der richtigen Boxhaltung können Sie kraftvolle, präzise Schläge landen und schützen gleichzeitig vor den Schlägen Ihres Gegners sicher. Die richtige Haltung verbessert Ihr Gleichgewicht und Ihre Beinarbeit, so dass Sie sich im Ring schnell und effizient bewegen können. Wenn Sie in der richtigen Position stehen, können Sie sich viel effektiver verteidigen und kraftvolle Bewegungskombinationen nutzen, mit denen Sie selbst die härtesten Gegner ausschalten können.

Ihre Haltung ist die Grundlage Ihrer Boxtechnik, und es ist wichtig, dass Sie sie schon früh in Ihrem Trainingsprogramm beherrschen. Wenn Sie die verschiedenen Stellungen verstehen, den flüssigen Wechsel zwischen ihnen üben und sich auf verschiedene Situationen einstellen, sind Sie auf dem besten Weg, ein hervorragender Kämpfer zu werden. Denken Sie daran, dass es bei der richtigen Boxhaltung nicht nur darum geht, im Ring gut auszusehen, sondern auch darum, kraftvolle Schläge durchzuführen und gleichzeitig den Schlägen Ihres Gegners auszuweichen. Mit Zeit, Übung und Hingabe können Sie ein erfahrener Boxer werden, der die verschiedenen Stellungen eindrucksvoll beherrscht. Also, gehen Sie in Position und lassen Sie die Schläge fliegen!

Defensiv werden: Überwachungs- und Blockierungsstrategien

Bei den meisten Sportarten ist die Verteidigung genauso wichtig wie die Offensive. Schließlich können selbst die besten Teams nicht gewinnen, wenn sie den Gegner nicht aufhalten können. Dies gilt insbesondere für Kampfsportarten wie Boxen, bei denen die Verteidigungsfähigkeit von entscheidender Bedeutung ist. Einer der wichtigsten Aspekte der Verteidigung ist der Einsatz von Überwachungs- und Blockierungsstrategien. In diesem Abschnitt lernen Sie drei Standardmethoden kennen: die hohe Deckung, die niedrige Deckung und das Ausweichen und Rollen. Sie werden danach besserverstehen, wie Sie sich gegen Ihre Gegner verteidigen können.

Die Hohe Deckung

Die hohe Deckung kann Ihr Gesicht schützen.

Die erste Überwachungshaltung ist die hohe Deckung. Sie ist eine der am häufigsten genutzten Techniken im Kampfsport, insbesondere im

Boxen. Heben Sie beide Hände vor Ihr Gesicht, um eine hohe Deckung durchzuführen. Ihre Handflächen sollten nach innen zeigen und Ihre Finger sollten fest zusammengeballt sein. Ihre Ellbogen sollten nahe an Ihrem Brustkorb sein, um Ihren Körper zu schützen. Mit einer hohen Deckung können Sie viele Schläge abwehren, insbesondere solche, die auf Ihren Kopf ausgerichtet sind. Der Nachteil einer hohen Deckung ist, dass es schwierig sein kann, effektiv zu kontern, so dass sie am besten aus einer defensiven Position heraus eingesetzt wird.

Die Niedrige Deckung

Die niedrige Deckung kann bei der Verteidigung Ihres Körpers von Vorteil sein.

Eine weitere Technik ist die tiefe Deckung. Diese Strategie ist von Vorteil, wenn Sie Ihren Körper verteidigen wollen. Senken Sie Ihre Hände und bringen Sie sie für eine tiefe Deckung näher an Ihren Körper. Ihre Handflächen sollten nach außen zeigen und Ihre Finger müssen entspannt sein. Beugen Sie Ihre Knie leicht, um es Ihrem Gegner zu erschweren, einen Schlag auf Ihren Bauch zu landen. Mit einer niedrigen Deckung können Sie Ihren Körper besser verteidigen, aber Sie sind gleichzeitig anfälliger für Schläge, die auf Ihren Kopf abzielen, daher ist es wichtig, dass Sie Ihren Kopf stets in Bewegung halten.

Ausweichen und Rollen

Mit der Ausweich und Roll Methode machen Sie Ihren Gegner verwundbar. [12]

Die letzte Strategie, die Sie nutzen können, ist die Ausweich und Roll Methode. Bei dieser Methode bewegen Sie Ihren Körper aus der Schlagbahn Ihres Gegners heraus. Bewegen Sie Ihren Kopf zur Seite und drehen Sie sich auf den vorderen Fuß, um Ihren Körper zu rotieren; dadurch geht der Schlag Ihres Gegners völlig an Ihnen vorbei. Dazu müssen Sie sich zur Seite lehnen, die Knie beugen und sich auf den hinteren Fuß drehen. Auch hier streift der Schlag Ihres Gegners an Ihnen vorbei. Das Ausweichen und Rollen ist auch fantastisch für Gegenschläge geeignet, da sie Ihren Gegner verwundbar macht und aus dem Gleichgewicht bringen.

Diese drei Standard-Schutz- und Blockierstrategien dienen der Verteidigung im Kampfsport. Jede Methode hat Stärken und Schwächen, daher ist es wichtig, sie alle zu üben und je nach Situation strategisch einzusetzen. Mit genügend Übung werden Sie die Bewegungen Ihres Gegners vorhersehen und sich effektiv verteidigen können. Denken Sie daran, dass die Verteidigung genauso wichtig ist wie der Angriff, und die beste Verteidigung ist immer guter Angriff. Üben Sie also weiter, lernen Sie weiter, und Sie werden im Handumdrehen zu einem unschlagbaren Gegner werden.

Die Beinarbeit meistern: Tipps und Übungen

Das Boxen ist eine Kunstform, die Ihnen gleichzeitig ein großartiges körperliches Training ermöglicht. Einer der wichtigsten Komponenten dieser Kunstform ist die Bein- und Beinarbeit. Die Beinarbeit ist von entscheidender Bedeutung, denn sie verleiht den Schlägen des Boxers Gleichgewicht und Kraft und ermöglicht es ihm, sich mit Geschwindigkeit und Beweglichkeit im Ring zu bewegen. Dieser Abschnitt befasst sich mit den wesentlichen Techniken der Beinarbeit, die jeder Kämpfer kennen sollte. Sie erhalten in diesem Abschnitt Tipps und Tricks, mit denen Sie Ihre Beinarbeit sofort verbessern können. Und schließlich finden Sie hier einige Übungen, die Ihnen dabei helfen, diese Methode zu meistern.

Schritt und Rutschen

Mit dieser Technik können Sie sich effizient von Ihrem Gegner entfernen.

Bei der Beinarbeit geht es darum, dass Sie sich richtig positionieren, um Schläge zu landen und sich gleichzeitig schnell und effizient aus der Gefahrenzone zu bewegen. Eine der grundlegendsten Fußtechniken ist der sogenannte „Step and Slide" (Die Schritt und Rutsch Strategie). Bei dieser Technik gehen Sie mit dem vorderen Fuß auf Ihren Gegner zu, schieben den hinteren Fuß nach vorne und positionieren ihn neben dem vorderen Fuß. Auf diese Weise bewegen Sie Ihren Körper mit dem vorderen Fuß nach vorne und halten dabei stets das Gleichgewicht. Es ist wichtig, dass Sie nicht zu weit oder zu nah an Ihren Gegner herantreten, sonst riskieren Sie, das Gleichgewicht zu verlieren oder sich für Gegenschläge angreifbar zu machen.

Drehen

Drehungen können Ihnen helfen, die Ausrichtung Ihres Körpers zu kontrollieren.

Mit dieser Strategie können Sie die Ausrichtung Ihres Körpers steuern, während Sie einen Schlag durchführen oder sich im Ring bewegen. Die Drehung bezieht sich auf eine Bewegung des vorderen Fußes, bei der Sie ihn zur Seite drehen, so dass Ihr Körper mit rotiert wird und Sie dabei das Gleichgewicht halten. Beim Drehen ist es wichtig, dass Ihr hinterer Fuß verankert bleibt oder nur leicht bewegt wird, damit Sie nicht zu schnell das Gleichgewicht verlieren. Eine schnelle und effiziente Drehung verbessert

Ihre Manövrierfähigkeit und ermöglicht es Ihnen, den Schlägen Ihres Gegners auszuweichen oder näher an einen Schlag heranzukommen.

Seitliche Bewegung

Die seitliche Bewegung ist ein weiterer wichtiger Teil der Beinarbeit beim Boxen. Eine gute Möglichkeit, um die seitliche Bewegung zu üben, besteht in der Leiterübung. Bei einer Leiterübung stellen Sie eine Leiter flach auf den Boden und bewegen sich auf ihr auf und ab, wobei Sie Ihre Füße immer zwischen den Sprossen lassen. Diese Übung verbessert die Schnelligkeit und Beweglichkeit Ihrer Beine – beides ist wichtig, wenn Sie Schlägen ausweichen oder sich im Ring bewegen wollen.

Übungen zur Beinarbeit

Neben dem Üben von Vorwärts-, Rückwärts- und Seitwärtsbewegungen können Sie Ihre Beinarbeit durch spezielle Übungen verbessern. Eine Übung, die diesem Zweck dienen kann, ist der Slalom-Drill - stellen Sie hierzu Kegel in einer Zickzack-Formation auf und üben Sie, von einer Seite zur anderen durch sie hindurch zu schlurfen. Eine weitere Übung ist das Üben mit dem Springseil - springen Sie hierzu über ein Springseil, während Sie die Füße zusammenlassen, und bewegen Sie sich dabei abwechselnd vorwärts und rückwärts. Oder nutzen Sie den Balancier Drill - stellen Sie sich auf eine Balancierscheibe und üben Sie verschiedene Beinbewegungen, während Sie gleichzeitig das Gleichgewicht halten müssen.

Wenn Sie Geschwindigkeitssandsäcke oder Säcke mit doppelten Enden mit in Ihr Trainingsprogramm einbeziehen, verbessern Sie so Ihre Beinarbeit. Diese Säcke simulieren die Bewegungen des Gegners. Indem Sie auf die Säcke einschlagen, üben Sie die Beinarbeitstechniken und verbessern so Ihre Reaktionszeit. Die Beinarbeit ist beim Boxen von entscheidender Bedeutung, denn sie sorgt für Gleichgewicht und Kraft bei Ihren Schlägen und ermöglicht es Ihnen, sich mit Geschwindigkeit und Beweglichkeit durch den Ring zu bewegen. Wenn Sie diese Übungen und Strategien mit in Ihr Trainingsprogramm einbauen, werden Sie die Beinarbeit im Handumdrehen verbessern.

Die Beherrschung von Beinarbeit ist für den Erfolg im Boxen entscheidend. Die richtige Beinarbeit kann Ihnen dabei helfen, Schlägen auszuweichen, sich in und aus der Reichweite des Gegners zu bewegen und kraftvolle Schläge durchzuführen. Wenn Sie diese Methoden anwenden und Übungen in Ihre Trainingsroutine einbauen, verbessern Sie Ihre Beinarbeit und werden so ein effektiverer Boxer. Denken Sie daran, dass die Beinarbeit die Grundlage des Boxens ist, trainieren Sie oft und verfeinern Sie Ihre Fähigkeiten.

Knockout-Tipps von Boxexperten

Ob Sie nun ein Anfänger oder Profi sind, das Boxen bleibt ein intensiver und lohnender Sport. Allerdings müssen Sie mehr als nur die Grundlagen kennen, um bei dieser beliebten Kampfsportart wirklich zu brillieren. Im Folgenden finden Sie eine Liste der besten Tipps von Boxexperten, mit denen Sie Ihre Fähigkeiten verbessern und Ihr volles Potenzial im Ring ausschöpfen können. Von der Ausgeglichenheit bis hin zur Entwicklung mentaler Stärke – mit diesen Tipps sind Sie auf alles gut vorbereitet.

Gleichgewicht halten: Es ist entscheidend, dass Sie das Gleichgewicht halten, um kraftvolle Schläge zu erzielen und den Angriffen Ihres Gegners auszuweichen. Boxexperten empfehlen, dass Sie die Füße schulterbreit auseinander und die Beine leicht angewinkelt positionieren, wobei Sie Ihr Gewicht gleichmäßig verteilen sollten. Wenn Sie außerdem Ihre Knie leicht beugen und Ihre Körpermitte anspannen, verbessern Sie Ihr Gleichgewicht und Ihre Beweglichkeit im Ring.

Konzentration: Das Boxen erfordert höchste Konzentration und exzellenten Fokus, denn schon die kleinste Ablenkung kann Sie den ganzen Kampf kosten. Experten empfehlen, Achtsamkeits- und Visualisierungstechniken zu üben, die Ihnen dabei helfen, fokussiert und präsent zu bleiben. Außerdem sorgt die richtige Atmung dafür, dass Ihr Geist und Körper unter Druck ruhig bleiben, was für den Erfolg im Ring unerlässlich ist.

Schnelles Reagieren: Beim Boxen kommt es auf Schnelligkeit an. Eine der besten Möglichkeiten, um Ihre Reaktionszeit zu verbessern, ist das Training mit einem Sandsack, einem kleinen Boxsack, der nach jedem Schlag schnell zurückfedert. Sie entwickeln dadurch Ihre Hand-Augen-Koordination und Ihre Reaktionszeit, indem Sie konsequent und schnell zuschlagen.

Die Bewegung Ihres Gegners nutzen: Die besten Boxer wissen, wie sie die Bewegungen ihres Gegners zu ihrem Vorteil nutzen können. Wenn sich Ihr Gegner zum Beispiel nach rechts bewegt, können Sie sich auf den linken Fuß drehen und einen kraftvollen linken Haken schlagen. Sie können sich einen Vorteil im Ring verschaffen, indem Sie den Stil Ihres Gegners studieren und entsprechend auf dessen Bewegungen reagieren.

Kombinieren Sie Position und Deckungen: Während die meisten Boxer eine traditionelle Haltung einnehmen, empfehlen Boxexperten, verschiedene Haltungen und Deckungen zu vermischen, um Ihren Gegner stets im Ungewissen zu lassen. Wechseln Sie zum Beispiel zwischen einer quadratischen Haltung, der orthodoxen Boxhaltung, und einer nach hinten versetzten Haltung ab, um mehr Kraft und Vielseitigkeit in Ihre Schläge zu bringen. Wenn Sie häufig Ihre Deckposition ändern, schützen Sie verschiedene Bereiche Ihres Körpers und bringt Ihren Gegner aus dem Konzept.

Entwickeln Sie Kraft, Stärke und Beweglichkeit: Boxen ist ein körperlicher Sport und erfordert Kraft, Stärke und Beweglichkeit, von allen, die ihn erfolgreich meistern wollen. Um diese Fähigkeiten zu entwickeln, empfehlen Boxexperten Übungen wie Kniebeugen, Burpees und Liegestütze. Außerdem empfehlen sie, Sprints zu laufen oder eine elliptische Maschine zu benutzen, um die Ausdauer im Ring zu verbessern.

Arbeiten Sie an Ihrer Hand-Augen-Koordination: Die Hand-Augen-Koordination ist eine wichtige Fähigkeit für jeden Boxer und kann durch geeignetes Training effektiv verbessert werden. Dazu empfehlen Boxexperten Wurfübungen mit Medizinbällen oder das disziplinierte Schattenboxen vor einem Spiegel. Außerdem empfehlen sie, die Hand-Augen-Koordination durch Sportarten wie Tennis oder Basketball ebenfalls zu trainieren.

Mentale Härte trainieren: Boxen ist sowohl mental anspruchsvoll, wie auch eine physische Herausforderung. Um im Ring erfolgreich zu sein, empfehlen Boxexperten, dass Sie Ihre mentale Stärke zu entwickeln, indem Sie sich einen Sieg vorstellen, sich erreichbare Ziele setzen und sich zu Höchstleistungen antreiben. Außerdem empfehlen sie, dass Sie sich jeden Schlag vorstellen und vor jedem Kampf eine positive Einstellung entwickeln.

Verbessern Sie Ihre Geschwindigkeit und Ihre kardiovaskuläre Ausdauer: Sie müssen schnelle, kraftvolle Schläge austeilen und sich zügig bewegen, um Ihr maximales Potenzial im Ring zu erreichen. Um Ihre Schnelligkeit und kardiovaskuläre Ausdauer zu verbessern, empfehlen Boxexperten Intervalltraining oder Sprints über kurze Strecken. Außerdem empfehlen sie, sich auf Übungen für die Beine zu konzentrieren, um Ihre allgemeine Kraft und Beweglichkeit im Ring zu verbessern.

Achten Sie auf Ihren Körper: Boxen ist ein körperlich anstrengender Sport, und es ist wichtig, dass Sie Ihren Körper nach jedem Kampf pflegen. Boxexperten empfehlen, dass Sie Ihre Muskeln sanft dehnen, viel schlafen, sich gesund zu ernähren und sich mit leichten Übungen oder Yoga abkühlen. Außerdem empfehlen sie, wunde Stellen mit Eispacks zu kühlen und viel Wasser zu trinken, um gut hydriert zu bleiben.

Training mit einem Partner oder Trainer: Boxen ist ein sehr komplexer Sport, daher ist es wichtig, dass Sie jemanden haben, der Sie anleitet und Ihnen dabei hilft, Ihre Technik weiterzuentwickeln. Um sicherzustellen, dass Sie das Beste aus dem Training herausholen, empfehlen Boxexperten, dass Sie mit einem erfahrenen Partner oder Trainer zusammenarbeiten. So erhalten Sie Feedback zu Ihrer Technik und können verschiedene Kombinationen aus einer sicheren Umgebung üben.

Analysieren Sie Ihre Kämpfe und bewerten Sie Ihre Leistung: Um ein besserer Boxer zu werden, müssen Sie Ihre Schwächen und Stärken kennen. Boxexperten empfehlen, dass Sie sich nach jedem Kampf das Filmmaterial des Kampfes ansehen und Ihre Leistung analysieren. So erkennen Sie verbesserungsbedürftige Bereiche und entwickeln Strategien für künftige Kämpfe. Außerdem empfehlen Experten, sich von Trainern oder Ausbildern Feedback zu Ihrer Technik zu holen, damit Sie die notwendigen Verbesserungen vornehmen können.

Das richtige Bandagieren Ihrer Hände: Das richtige Bandagieren Ihrer Hände ist für jeden Boxer eine wichtige Fähigkeit und hilft, Verletzungen im Ring zu vermeiden. Um Ihre Hände richtig zu bandagieren, empfehlen Boxexperten, vier bis sechs Zentimeter Mull um jede Hand zu legen. Legen Sie dann eine Lage Klebeband darüber. Zum Schluss befestigen Sie die Enden mit Klebeband, damit die Bandage gut sitzt und gesichert ist.

Ernähren Sie sich ausgewogen und bleiben Sie hydriert: Eine ausgewogene Ernährung und eine ausreichende Flüssigkeitszufuhr sind entscheidend für eine optimale Leistung im Ring. Boxexperten empfehlen, viel mageres Eiweiß, Vollkornprodukte, Obst und Gemüse zu essen, um Ihr Training zu unterstützen. Außerdem empfehlen sie, über den Tag verteilt viel Wasser zu trinken, damit Ihr Körper hydriert bleibt und optimal funktioniert.

Genügend Ruhe bekommen: Ruhe und Erholung sind für jeden Athleten wichtig, insbesondere für Boxer. Um sicherzustellen, dass Sie genug Ruhe bekommen, empfehlen Boxexperten, jede Nacht acht Stunden Schlaf anzustreben. Sie empfehlen kurze Pausen über den Tag verteilt, um Müdigkeit und Burnout zu vermeiden.

Nehmen Sie sich ausreichend Zeit für Erholung nach den Trainingseinheiten: Boxen ist ein körperlich anstrengender Sport, und es ist wichtig, dass Sie Ihrem Körper nach jeder Trainingseinheit Zeit für angemessene Erholung lassen. Um den Erholungsprozess zu beschleunigen, empfehlen Boxexperten, dass Sie nach jedem Training ein Eisbad zu nehmen und Kompressionskleidung zu tragen, um Schwellungen und Schmerzen zu reduzieren. Außerdem empfehlen sie, jede Woche ein paar Tage Pause zu machen, um Ihrem Körper eine zusätzliche Chance zu geben, sich zu erholen.

Positiv bleiben: Eine positive Einstellung kann den entscheidenden Unterschied für den Erfolg im Ring ausmachen. Um motiviert zu bleiben und sich auf das Training zu konzentrieren, empfehlen Boxexperten, dass Sie, sich realistische Ziele setzen und jeden Meilenstein zu feiern. Außerdem empfehlen sie Ihnen, dass Sie sich in der Gesellschaft von positiven Menschen aufhalten, die Sie auf Ihrem Weg unterstützen und ermutigen.

Von den Besten lernen: Um ein besserer Boxer zu werden, müssen Sie von den Besten lernen. Boxexperten empfehlen, dass Sie sich Videos von Weltklasseboxern ansehen und deren Taktiken studieren. Außerdem empfehlen sie die Lektüre von Büchern und Artikeln, die von erfahrenen Boxern geschrieben wurden, um einen Einblick in die Strategien und Taktiken des Sports zu erhalten.

Üben Sie Visualisierungstechniken: Mentale Stärke ist beim Boxen genauso wichtig wie körperliche Stärke. Zur Verbesserung der Willenskraft empfehlen Boxexperten das Training mit Visualisierungstechniken. Stellen Sie sich zum Beispiel einen Kampf vor und visualisieren Sie die Bewegungen, die Sie machen müssen, um bei dem Kampf erfolgreich zu sein. Außerdem wird empfohlen, dass Sie sich jeden Tag Zeit nehmen, um Visualisierungstechniken zu üben und Ihre mentale Stärke weiter aufzubauen.

Starkes Ende: Um einen Kampf stark zu beenden, empfehlen Boxexperten, dass Sie Ihre Energie für die letzten Runden aufsparen. Sie empfehlen außerdem, dass Sie sich auf Ihre Ziele konzentrieren und sich den Erfolg vorstellen, um bis zum Ende motiviert zu bleiben. Außerdem empfehlen sie, dass Sie tief durchatmen, damit Sie in den letzten

Momenten eines Kampfes ruhig und energiegeladen bleiben.

Füße schulterbreit auseinanderstellen: Um Ihre Leistung zu verbessern, sollten Sie sich zunächst auf die Position Ihrer Füße konzentrieren. Achten Sie darauf, dass sie schulterbreit auseinanderstehen. Stellen Sie sich dann gerade hin und halten Sie Ihre Hände in der Nähe Ihres Kopfes. Mit dieser Haltung können Sie sich schnell im Ring bewegen, das Gleichgewicht halten und kraftvolle Schläge austeilen.

Bewegen Sie den hinteren Fuß: Um einen Schlag zu landen, müssen Sie Ihr Gewicht vom hinteren Fuß auf den vorderen Fuß verlagern. Lassen Sie Ihre Füße im Gleichgewicht und bleiben Sie stabil, um die Anspannung während der Bewegung aufrechtzuerhalten, indem Sie Ihr Gewicht gleichmäßig auf Ihre Füße verteilen.

Lassen Sie Ihre Füße parallel und bringen Sie Ihre Hüften nach vorne: Wenn Sie in der Ausgangsposition stehen, sollten Ihre Füße parallel zueinander bleiben. Ihre Füße sollten geradeaus zeigen und nicht nach innen oder außen abgewinkelt sein. Lassen Sie außerdem Ihre Hüften nach vorne, um den Körper auszurichten und das Gleichgewicht zu halten.

Behalten Sie einen niedrigen Körperschwerpunkt bei: Um einen soliden Boxstand zu haben, müssen Sie den Schwerpunkt niedrig halten, indem Sie Ihre Knie leicht beugen. Das hilft Ihnen dabei, das Gleichgewicht zu halten, sich leichter im Ring zu bewegen und zu verhindern, dass Sie von einem gegnerischen Schlag niedergeschlagen werden.

Lassen Sie Ihre Hände oben: Ihre Hände sind beim Boxen Ihre wichtigste Waffe. Lassen Sie sie in der Nähe Ihres Gesichts und Kinns, um zu verhindern, dass Ihr Gegner einen k.o.-Schlag landet. Halten Sie Ihren Ellbogen nahe am Körper und Ihre Führungshand etwas entfernt, um schneller Angriffsmöglichkeiten zu schaffen.

Entspannen Sie Ihre Schultern: Verspannungen in den Schultern können Ihre Bewegungen einschränken und es Ihnen viel schwieriger machen, den Schlägen Ihres Gegners auszuweichen. Achten Sie darauf, dass Ihre Schultern entspannt sind, um Roundhouse-Schläge und Haken erfolgreich durchzuführen.

Lassen Sie Ihren Kopf stets in Bewegung: Wenn Sie im Ring sind, müssen Sie Ihren Kopf ständig bewegen, um Schlägen auszuweichen, indem Sie Ihren Kopf nach oben, unten und zur Seite bewegen. Achten Sie jedoch darauf, dass Ihr Kinn immer auf der Brust bleibt, damit es von

Ihrem Gegner nicht getroffen werden kann.

Bleiben Sie leichtfüßig: Bleiben Sie leichtfüßig, um Ihre Reaktionszeit kurz zu halten. Das bedeutet, dass Sie auf und ab hüpfen und Ihre Füße schnell bewegen können, um stets bereit dazu zu sein, einen Schlag zu landen oder einem entgegenkommenden Schlag auszuweichen.

Nutzen Sie den Schlagwinkel: Nutzen Sie Winkel, um sich einen Vorteil gegenüber Ihrem Gegner zu verschaffen. Sie können Sie zum Beispiel eine Öffnung schaffen, indem Sie Ihre Füße in einem diagonalen Winkel bewegen, statt perfekt nach vorne.

Üben Sie eine gute Haltung: Übung ist, wie Sie wissen, das A und O beim Boxen. Sie müssen üben, wie Sie Ihre Haltung beibehalten und verändern können, damit sich Ihre Muskeln an die richtige Haltung erinnern und es Ihnen mit der Zeit leichter fällt, während Ihrer Boxkämpfe die perfekte Haltung einzunehmen.

Boxen kann aufregend und herausfordernd sein, aber mit diesen Tipps von Boxexperten können Sie Ihre Fähigkeiten auf die nächste Stufe bringen. Von der Verbesserung Ihres Gleichgewichts und Ihrer Hand-Augen-Koordination bis hin zur Entwicklung mentaler Stärke und ausreichender Flüssigkeitszufuhr - es gibt unzählige Möglichkeiten, um Ihre Leistung im Ring zu steigern. Egal, ob Sie ein Anfänger oder bereits ein erfahrener Profi sind, das Wichtigste ist immer, dass Sie konzentriert und diszipliniert bleiben und nie aufhören, als Boxer zu lernen und an sich zu arbeiten. Denken Sie daran: Übung macht den Meister.

Bleiben Sie engagiert und arbeiten Sie jeden Tag an Ihren Fähigkeiten. Sie können Ihre Ziele beim Boxen mit harter Arbeit, Ausdauer und Hingabe erreichen. Es ist wichtig, die notwendigen Schritte zu unternehmen, um Verletzungen vorzubeugen, ausreichend zu trinken und Energie zu tanken, sich auszuruhen und Visualisierungstechniken zu üben. So können Sie sicherstellen, dass Sie im Ring gesund bleiben und Ihre Leistung maximieren können. Wenn Sie diese grundlegenden Boxtechniken anwenden, werden Sie auf dem Weg sein, ein besserer Boxer und Champion zu werden.

Kapitel 5: Schläge und Gegenschläge

„Schwebe wie ein Schmetterling, steche wie eine Biene". - Muhammad Ali

Beim Boxen geht es nicht nur darum, Schläge zu verteilen. Viel mehr ist ein Boxkampf wie ein komplizierter Tanz mit vielen Strategien, aufwändiger Beinarbeit und vor allem Schlägen und Gegenschlägen. Dies sind die wesentlichen Elemente, die das Boxen zu dem Sport machen, der es heute ist. Im Ring geht es nicht nur um die Stärke Ihrer Schläge. Es geht vielmehr auch darum, die Bewegungen Ihres Gegners zu nutzen, um den perfekten Gegenschlag zu landen. Ein erfolgreicher Boxer weiß, wie er den nächsten Zug seines Gegners vorhersehen und entsprechend reagieren kann. So entwickelt sich der Kampf wie ein Schachspiel, bei dem Sie Ihrem Gegner immer einen Schritt voraus sein müssen.

Schläge und Gegenschläge sind die Bausteine des Boxens, und wenn Sie sie beherrschen, sind Sie dem Ziel, zu einem großen Boxer zu werden, einen Schritt näher gekommen. Dieses Kapitel ist in Abschnitte unterteilt, die sich jeweils auf einen bestimmten Schlag oder Gegenschlag konzentrieren. Es erklärt den Zweck jedes Schlags und Gegenschlages, die Mechanik dahinter, häufige Fehler, die Sie vermeiden sollten, und Übungen, die Ihnen dabei helfen, sich zu verbessern. Nach der Lektüre dieses Kapitels sind Sie auf dem besten Weg, ein Meister im Ring zu werden.

Einführung in das Boxen mit Schlägen: Die Grundlagen und Sicherheitstipps

Boxschläge sind eine grundlegende Fähigkeit, die für einen erfolgreichen Kampf gemeistert werden muss. Es geht jedoch nicht darum, harte Schläge zu landen und Ihren Gegner zu besiegen. Beim Boxen geht es eher um eine Menge Technik und Sicherheit. Daher ist es wichtig, die Grundlagen der Boxschläge und ihren Zweck, die richtige Technik und die nötigen Sicherheitstipps zu kennen, um Ihr Verletzungsrisiko zu verringern.

Zweck der Schläge

Boxschläge zielen darauf ab, Punkte zu erzielen oder Ihren Gegner auszuknocken. Das Erzielen von Punkten bietet Ihnen eine technische Möglichkeit, um einen Boxkampf zu gewinnen. Ein Boxer muss die richtigen Schläge präzise und effektiv durchführen, um Punkte zu erzielen. Ein k.o. ist jedoch die beliebteste Art, wie ein Boxer ein Spiel gewinnt. Um Ihren Gegner k.o. zu schlagen, müssen Sie einen kräftigen Schlag durchführen, der den Gegner zu Fall bringt oder ihn das Bewusstsein verlieren lässt. Knockouts werden nicht nur durch kräftige Schläge erzielt. Sie können auch durch wiederholte Schläge erzielt werden, die den Gegner ermüden und ihn verwundbar machen.

Sicherheitstipps für Schläge

Boxhiebe können gefährlich sein, wenn sie nicht richtig durchgeführt werden. Daher sollte die Sicherheit beim Üben von Boxschlägen immer an erster Stelle stehen. Hier sind einige Tipps, die Ihnen dabei helfen, sich beim Üben zu schützen:

1. Tragen Sie immer die erforderliche Schutzausrüstung, wie beispielsweise Handschuhe, Kopfschutz, Mundschutz, Ellbogen- und Knieschoner, um das Verletzungsrisiko zu minimieren.
2. Wärmen Sie sich auf, bevor Sie mit den Schlägen beginnen, um Muskelverletzungen zu vermeiden. Dehnen Sie sich vor und nach dem Training, damit Ihre Muskeln entspannt bleiben.
3. Lassen Sie sich beim Training immer von einem Trainer beaufsichtigen, um Ihre Sicherheit zu gewährleisten und schlechte Angewohnheiten zu vermeiden.
4. Nehmen Sie sich immer Zeit und überstürzen Sie nichts. Machen Sie Pausen zwischen den Schlägen und hören Sie auf Ihren Körper.

Grundlegende Schlagmechanik

Zu den grundlegenden Schlagtechniken beim Boxen gehören unter anderem der Jab, der Kreuzschlag, der Uppercut und der Haken. Das Verständnis der grundlegenden Schlagtechniken ist wichtig, um Ihre Fähigkeiten zu entwickeln und Verletzungen zu vermeiden. Der sogenannte „Jab" ist ein schneller gerader Schlag, der mit der Führungshand durchgeführt wird. Der Kreuzschlag ist hingegen ein gerader Schlag, der mit der hinteren Hand durchgeführt wird. Der Aufwärtshaken ist ein Schlag, der von unten gegen das Kinn Ihres Gegners gerichtet wird, indem Sie die Beine und den Rumpf beugen. Der Hakenschlag ist schließlich ein seitlicher Schlag, bei dem Sie den Arm in einem stumpfen Winkel abwinkeln und mit den Fingerknöcheln auf die Gesichtsseite des Gegners schlagen.

Bei der Schlagmechanik geht es um die richtige Ausrichtung des Schlags, den optimalen Stand und die Beinarbeit. Die richtige Schlagausrichtung basiert auf der richtigen Körperhaltung, um Ihre Kraft und Genauigkeit zu maximieren. Die Boxhaltung bedeutet, dass Sie mit schulterbreit auseinanderstehenden Füßen aufrecht stehen können, wobei ein Fuß leicht vor dem anderen steht. Die Beinarbeit bedeutet, dass Sie Ihre Füße nicht nur zur Bewegung, sondern auch zur Erzeugung von Kraft einsetzen können.

Um ein guter Boxer zu werden, ist es wichtig, die Grundlagen der Boxschläge und ihren jeweiligen Zweck zu kennen. Dazu gehört, dass Sie die Sicherheitstipps für die Ausführung von Schlägen, die grundlegende Schlagmechanik und die richtige Haltung und Ausrichtung kennen. Wenn Sie diese grundlegenden Fähigkeiten üben und perfektionieren, können Sie ein besserer Boxer werden und Ihr Verletzungsrisiko verringern. Denken Sie immer an die Sicherheit und hören Sie beim Training auf Ihren Körper. Die Entwicklung Ihrer Schlagfertigkeit beim Boxen erfordert Geduld, Hingabe und Übung.

Den Jab meistern: Eine Einführung für Anfänger

Ein Jab kann in einem Kampf den Unterschied ausmachen. [18]

Der Jab ist einer der grundlegendsten Schläge, die Sie beherrschen müssen. Er mag Ihnen wie ein einfacher Schlag erscheinen, aber ein gut platzierter Jab kann den Unterschied im Ausgang eines Kampfes ausmachen. Ein schneller und effektiver Jab kann Ihren Gegner in Schach halten, andere Schläge vorbereiten und, was am wichtigsten ist, Punkte machen. In diesem Abschnitt erfahren Sie alles, was Sie über den Jab wissen müssen, einschließlich seiner Definition, seines Zwecks, seiner Ausführung, häufiger Fehler, die Sie vermeiden sollten, und Trainingsübungen zur Verbesserung Ihrer Technik.

Definition und Zweck eines Jabs

Der Jab ist ein schneller, gerader Schlag, der beim Boxen mit der Führhand ausgeübt wird. Sein Hauptzweck ist es, Ihren Gegner in Schach zu halten, so dass Sie Abstand gewinnen und andere Schläge vorbereiten können. Mit dem Jab erzielen Sie effektiv Punkte und stören den Rhythmus Ihres Gegners. Der Jab ist der häufigste Schlag beim Boxen und es gibt zahlreiche Variationen, darunter den Doppel Jab, den Dreifach Jab und den Jab auf den Körper.

Schritt-für-Schritt Vorbereitung und Ausüben des Jab

Um einen Jab richtig auszuüben, sollten Sie die folgenden Schritte befolgen:

1. Beginnen Sie mit schulterbreit auseinanderstehenden Füßen, leicht gebeugten Knien und gleichmäßig verteiltem Gewicht.
2. Ihre Führungshand sollte in Höhe des Kinns platziert werden, wobei Ihr Ellbogen angewinkelt und Ihr Handgelenk gerade bleiben sollte.
3. Wenn Sie bereit für den Jab sind, treten Sie mit dem vorderen Fuß nach vorne und strecken Ihren Arm gerade aus, wobei Sie Ihr Handgelenk leicht drehen müssen.
4. Ihre Schultern und Hüften sollten leicht rotiert werden, um Kraft zu erzeugen, aber strecken Sie Ihren Arm nicht zu weit vom Körper weg und lehnen Sie sich nicht nach vorne.
5. Sobald Ihr Jab sein Ziel getroffen hat, ziehen Sie Ihren Arm schnell wieder zum Kinn zurück und vermeiden Sie dabei unnötige Bewegungen.
6. Lassen Sie Ihre freie Hand oben, um die Deckung Ihres Gesichts zu erhalten und bleiben Sie leichtfüßig, stets dazu bereit, sich erneut zu bewegen oder einen weiteren Schlag zu landen.

Häufige Fehler, die Sie vermeiden sollten

Hier sind einige häufige Fehler, die Sie beim Durchführen eines Jabs vermeiden sollten:

1. Wenn Sie Ihren Arm zu weit ausstrecken, sind Sie verwundbar und verlieren an Kraft. Lassen Sie Ihren Arm gerade, aber nie vollständig ausgestreckt, und üben Sie, ihn schnell wieder zurückzuziehen, um diesen Fehler zu vermeiden.

2. Wenn Sie mit Ihrem Jab zugreifen, verlieren Sie an Kraft und sind anfällig für Gegenschläge. Machen Sie stattdessen einen Schritt nach vorne in den Schlag hinein und lassen Sie dabei Ihr Kinn nach unten gedrückt.
3. Wenn Sie beim Jab nicht weit genug nach vorne treten, kann dies zu einem schwachen oder unwirksamen Schlag führen. Treten Sie stattdessen schnell mit dem vorderen Fuß nach vorne, bevor Sie Ihren Jab werfen.
4. Vermeiden Sie dabei den Fehler, Ihren Schlag zu telegrafieren, indem Sie Ihren Körper oder Ihre Hand vor dem Wurf positionieren. Erlauben Sie Ihrem Gegner nicht, Ihre Bewegung vorauszusehen und eine Verteidigung vorzubereiten.

Trainingsübungen zur Verbesserung Ihres Jabs

Der Jab ist der wichtigste Schlag beim Boxen und sollte im Mittelpunkt Ihres Trainings stehen. Ein guter Jab bereitet Ihre anderen Schläge vor und hilft dabei Ihnen, den Kampf zu dominieren. Probieren Sie die folgenden Übungen aus, um Ihre Jab-Technik zu verbessern:

Wand Jab Drill: Stellen Sie sich ein paar Meter von einer Wand entfernt hin und üben Sie, Jabs gegen die Wand zu imitieren. Konzentrieren Sie sich auf den Aufbau und die Durchführung des Schlags und achten Sie darauf, häufige Fehler zu vermeiden. Stellen Sie sich einen Gegner, der vor der Wand steht vor und üben Sie Ihre Technik, ohne tatsächlich einen Widerstand zu treffen.

Schattenboxen: Beim Schattenboxen lernen Sie, wie man Jabs und anderen Schlägen ohne den Druck eines echten Gegners ausweicht.

Sandsack: Die Arbeit an Ihrer Geschwindigkeit und Genauigkeit am Sandsack bietet Ihnen eine großartige Möglichkeit, um das schnelle und präzise Platzieren von Jabs zu üben.

1-2-3 Drill: Schlagen Sie einen Jab, und folgen Sie der ersten Bewegung dann mit der anderen Hand. Beenden Sie die Übung mit einem Hakenschlag, der gegen den Körper gerichtet ist. Wiederholen Sie diese Übung 3 Minuten lang, ruhen Sie sich 1 Minute lang aus und wiederholen Sie sie dann weitere dreimal.

Übung mit dem Sandsack mit doppeltem Ende: Richten Sie einen Jab gegen das obere Ende, und attackieren Sie anschließend zügig das andere Ende. Wiederholen Sie dies 30 Sekunden lang, ruhen Sie sich 30 Sekunden lang aus und wiederholen Sie die Übung dreimal.

Fokussierter Handschuhdrill: Lassen Sie sich von einem Partner einen Handschuh oder ein Schlagpolster vor das Gesicht halten und attackieren Sie es mit Schlägen, während Sie sich um Ihren Partner herum bewegen. Wiederholen Sie dies 3 Minuten lang, ruhen Sie sich 1 Minute lang aus und wiederholen Sie die Übung weitere dreimal.

Partnerübung: Sparring mit einem Partner kann Ihnen helfen, das Gelernte in einer echten Kampfsituation anzuwenden. Beginnen Sie langsam, konzentrieren Sie sich auf die Technik und steigern Sie die Intensität allmählich, wenn Sie sich verbessern.

Den Kreuzschlag im Boxen meistern: Eine Schritt-für-Schritt-Anleitung

Ein Kreuzschlag ist einer der effektivsten Schläge im Boxen. [14]

Boxen mag, wenn Sie Profis im Ring beobachten, mühelos aussehen - aber jede Bewegung erfordert viel harte Arbeit, Geschick und Kraft. Ein Kreuzschlag ist einer der effektivsten Schläge im Boxen und kann den Kampf innerhalb von Sekunden verändern. Daher ist es eine wesentliche Technik, die jeder Boxer beherrschen sollte, um zu einem beeindruckenden Gegner im Ring zu werden. Dieser Abschnitt befasst sich mit der Definition, dem Zweck und der Durchführung sowie häufigen Fehlern und Trainingsübungen, um Ihren Kreuzschlag im Boxen zu verbessern.

Definition und Zweck eines Kreuzschlags

Ein Kreuzschlag, auch bekannt als „Straight", ist ein kraftvoller Schlag, der von Ihrer hinteren Hand ausgeht in der Regel von Ihrer rechten Hand, wenn Sie Rechtshänder sind, oder umgekehrt, wenn Sie Linkshänder sind. Der Zweck des Kreuzschlags ist es, Abstand zwischen Ihnen und Ihrem Gegner zu schaffen und gleichzeitig einen kraftvollen Schlag gegen den Kopf oder den Körper des Gegners durchzuführen. Außerdem dient der Kreuzschlag oft als Vorbereitung für andere Schläge, wie etwa einen Haken oder einen Uppercut.

Schritt-für-Schritt Erklärung zum Ausüben eines Kreuzschlags

Um einen Kreuzschlag zu landen, sollten Sie folgendermaßen vorgehen:

1. Stellen Sie Ihre Füße schulterbreit auseinander, wobei der linke Fuß leicht nach vorne und der rechte Fuß leicht nach hinten zeigen sollte.
2. Bringen Sie als Nächstes Ihre Fäuste nach oben, die Ellbogen eng an den Körper und das Kinn nach unten, um sich vor Gegenangriffen zu schützen.
3. Benutzen Sie aus dieser Position heraus Ihre Hüften, Ihre Körpermitte und Ihre Schultern, um Ihren Körper zu drehen, während Sie Ihren hinteren Arm strecken, um den Schlag in Richtung Ihres Ziels durchführen.
4. Denken Sie daran, Ihr Handgelenk so zu drehen, dass Ihre Knöchel beim Kontakt mit Ihrem Gegner senkrecht stehen.
5. Erholen Sie sich zuletzt, indem Sie Ihre Rückhand schnell wieder in ihre ursprüngliche Position zurückbringen, nahe an Ihr Gesicht.

Häufige Fehler, die Sie vermeiden sollten

Viele Menschen nutzen den Kreuzschlag, ohne sich vorzubereiten. Ein erfolgreiches Kreuz erfordert jedoch mehr als nur einen kräftigen Schlag. Er muss richtig zeitlich abgestimmt sein und Ihren ganzen Körper einsetzen. Hier sind weitere häufige Fehler, die Sie vermeiden sollten:

1. **Nicht mit dem richtigen Gewicht üben:** Der Kreuzschlag ist ein mächtiger Schlag, und wenn Sie nicht daran gewöhnt sind, ihn mit dem richtigen Gewicht auszuüben, werden Sie in einem Kampf nicht die gleiche Kraft entwickeln. Verwenden Sie beim Üben einen schweren Sandsack, der die Belastung aushält und mit dem Sie Ihre Schläge mit dem richtigen Gewicht üben können.

2. **Sie halten Ihre Deckung nicht aufrecht:** Denken Sie daran, Ihr Kinn unten zu lassen, die Ellbogen einzuziehen, wenn Sie den Kreuzschlag nutzen, und auf einen Gegenschlag vorbereitet zu sein.

3. **Wilde Schläge austeilen:** Dieser Fehler wird Sie in einem Kampf schnell außer Gefecht setzen. Seien Sie konservativ mit Ihren Schlägen, und kontrollieren Sie Ihre Bewegungen und riskieren Sie Schläge nur, wenn Sie eine Chance haben.

4. **Ziehen Sie Ihre Schläge nicht durch:** Strecken Sie den Arm vollständig aus, lassen Sie die Handgelenke beim Schlag einschnappen und nutzen Sie Ihr ganzes Körpergewicht mit in den Schlag.

5. **Das Gleichgewicht verlieren:** Lassen Sie Ihre Füße fest auf dem Boden, wenn Sie den Ball werfen. Außerdem sollten Sie Ihren Körper locker und entspannt lassen, damit Sie Ihr Gewicht schnell von einem Fuß auf den anderen verlagern können.

Trainingsübungen, um Ihren Kreuzschlag zu verbessern

Wie jede Boxtechnik erfordert auch das Beherrschen des Kreuzschlags konsequentes Üben. Um Ihren Kreuzschlag zu verbessern, finden Sie hier einige Trainingsübungen, die Sie einsetzen können:

1. **Jab-Kreuzschlag-Drill:** Stellen Sie sich in Ihre Ausgangsposition, halten Sie die linke Hand vor sich und die rechte Hand an Ihr Kinn. Schlagen Sie mit der linken Hand zu und kreuzen Sie dann sofort mit der rechten Hand. Bewegen Sie sich beim Kreuzschlag zur Seite, so dass Sie nicht mehr vor Ihrem Gegner stehen, und dementsprechend nicht von dessen Gegenschlag getroffen werden

können. Wiederholen Sie diese Übung 30 Sekunden lang.

2. **Jab-Jab-Kreuzschlag-Drill**: In der gleichen Position wie bei der ersten Übung, mit der linken Hand ausgestreckt und der rechten Hand am Kinn. Schlagen Sie zweimal mit der linken Hand zu und kreuzen Sie dann mit der rechten Hand. Wenn Sie kreuzen, machen Sie einen Schritt nach vorne, so dass Sie vor Ihrem Gegner stehen. Auf diese Weise können Sie Ihren Schlag landen und einen Folgeangriff vorbereiten. Wiederholen Sie diese Übung 30 Sekunden lang.

3. **Jab-Kreuzschlag-Uppercut Drills**: Nehmen Sie die gleiche Position ein wie bei den ersten beiden Übungen, wobei Ihre linke Hand ausgestreckt ist und Ihre rechte Hand an Ihrem Kinn liegt. Schlagen Sie mit der linken Hand zu und kreuzen Sie dann sofort mit der rechten Hand. Während Sie kreuzen, schlagen Sie mit Ihrer linken Hand einen Uppercut. Sie werden Ihren Gegner überrumpeln und einen kräftigen Schlag landen. Wiederholen Sie diese Übung 30 Sekunden lang.

Die Kunst des Hakenschlags: Verbessern Sie Ihre Boxfähigkeiten

Der Hakenschlag ist eine Schlagtechnik, mit der Sie den Gegner von der Seite treffen. [15]

Ein Hakenschlag ist ein kraftvoller Schlag, der mit Geschwindigkeit, Genauigkeit und Technik kombiniert wird. Er ist ein großartiges Werkzeug in Ihrem Arsenal, egal, ob Sie ein Anfänger oder ein erfahrener Boxer sind. Dieser Abschnitt behandelt die Definition und den Zweck eines Hakenschlags, eine Schritt-für-Schritt-Anleitung für den Aufbau und das Ausüben eines Hakenschlags, häufige Fehler, die Sie vermeiden sollten, und Trainingsübungen zur Verbesserung Ihres Hakenschlags.

Definition und Zweck eines Hakenschlags

Ein Haken ist eine Schlagtechnik im Boxen, die genutzt wird, um einen Gegner von der Seite zu treffen, entweder gegen den Kopf oder gegen den Körper. Es handelt sich um einen effektiven Schlag, der Ihnen hervorragendes Timing und eine gute Koordination abverlangt. Ziel des Hakenschlags ist es, einen entscheidenden Schlag zu landen und dabei die Kontrolle und Genauigkeit beizubehalten. Ein richtig platzierter Hakenschlag kann den Unterschied zwischen Sieg und Niederlage in einem Kampf ausmachen.

Schritt-für-Schritt-Aufbau und Durchführung des Hakenschlags

Das erfolgreiche Durchführen eines Hakenschlags erfordert Geduld und Übung. Hier finden Sie eine Schritt-für-Schritt-Anleitung dafür, wie Sie sich auf den Hakenschlag vorbereiten und ihn durchführen können:

1. Stellen Sie sich in eine Position, von der aus Sie den Gegner gut im Blick behalten können.
2. Verlagern Sie Ihr Gewicht auf den hinteren Fuß und lassen Sie dabei den Ellbogen dicht am Körper.
3. Stellen Sie sich auf den Fußballen und drehen Sie Ihre Hüfte in Richtung Ihres Gegners, während Sie Ihren Arm in einer kreisförmigen Bewegung schwingen.
4. Zielen Sie auf die Schläfe, die Wange oder die Rippen Ihres Ziels ab und landen Sie den Schlag mit den Knöcheln Ihres Mittel- und Zeigefingers.
5. Halten Sie immer Ihren anderen Arm hoch, um sich zu schützen, und seien Sie auf Gegenangriffe vorbereitet.

Häufige Fehler, die Sie vermeiden sollten

Ein Hakenschlag ist zwar ein mächtiger und effektiver Schlag, aber es ist wichtig, dass Sie die unvermeidlichen Fehler dabei vermeiden:

1. **Sie drehen Ihren Körper nicht genug:** Sie müssen Ihren ganzen Körper und Ihre Hüfte während des Schlags drehen, um maximale Kraft zu erzeugen.
2. **Den Ellenbogen nicht nahe am Körper halten:** Das verringert die Kraft Ihres Schlags und macht es Ihrem Gegner leichter, zu blockieren oder zu kontern.
3. **Nicht auf dem Fußballen schwenken:** Sie müssen sich auf dem Fußballen drehen, um genügend Kraft zu erzeugen, damit der Schlag effektiv landen kann.
4. **Nicht auf das richtige Ziel zielen:** Sie müssen auf die Schläfe, die Wange oder die Rippen Ihres Ziels zielen, um den Schlag mit maximaler Kraft zu landen.
5. **Zu hohe oder zu niedrige Treffer:** Zielen Sie immer auf das richtige Ziel ab, um maximale Kraft und Genauigkeit zu gewährleisten.
6. **Sie machen sich angreifbar für Gegenangriffe:** Halten Sie Ihren anderen Arm immer oben, um sich vor Gegenangriffen zu schützen.

Trainingsübungen zur Verbesserung Ihres Hakenschlags

Sie können verschiedene Übungen machen, um die Genauigkeit und Kraft Ihres Hakenschlags zu verbessern. Hier sind ein paar Beispiele:

1. **Seilspringen:** Das Seilspringen ist eine großartige Methode, um Ihre Beinarbeit und Koordination zu verbessern. Konzentrieren Sie sich darauf, sich beim Seilspringen schnell und geschmeidig zu bewegen. Das wird Ihnen dabei helfen, die Beinarbeit zu entwickeln, die Sie brauchen, um präzise und kraftvolle Hakenschläge durchzuführen.
2. **Boxhandschuhe:** Boxhandschuhe bieten Ihnen eine großartige Möglichkeit, die Genauigkeit und Kraft Ihrer Schläge zu verbessern. Konzentrieren Sie sich bei der Arbeit mit Boxhandschuhen darauf, präzise und kraftvolle Schläge zu landen; das wird Ihnen helfen, diese Fähigkeiten in den Ring zu übertragen.
3. **Reflexball:** Ein Reflexball gibt Ihnen ein hervorragendes Hilfsmittel für die Entwicklung der Hand-Augen-Koordination. Konzentrieren Sie sich darauf, den Ball so schnell wie möglich zu treffen; das wird Ihnen dabei helfen, diese Fähigkeiten in den Ring

zu übertragen.

4. **Schwerer Sandsack:** Eine der besten Möglichkeiten, Ihre Haken zu verbessern, ist das Training an einem schweren Sandsack. Ein schwerer Sandsack hilft Ihnen dabei, Kraft und Genauigkeit bei Ihren Hakenschlägen zu entwickeln. Sie sollten sich darauf konzentrieren, Ihre Hakenschläge mit der Absicht auszuüben, Ihren Gegner auszuknocken.

5. **Schattenboxen:** Das Schattenboxen ist eine großartige Möglichkeit, an Ihrer Technik zu arbeiten, ohne dass ein Gegner anwesend ist. Am besten wäre es, wenn Sie sich darauf konzentrieren, präzise und kraftvolle Schläge zu landen. Schattenboxen hilft Ihnen, das Muskelgedächtnis zu entwickeln, um im Ring beeindruckende kraftvolle Hakenschläge zu landen.

Ein Hakenschlag ist eine Technik, die Zeit und Übung erfordert, bis Sie sie richtig beherrschen. Wenn Sie den Hakenschlag mit in Ihr Training einbeziehen, verbessern Sie Ihre allgemeinen Boxfähigkeiten und verschaffen sich einen Vorteil im Ring. Denken Sie daran, sich auf Ihre Technik zu konzentrieren, auf das richtige Ziel abzuzielen und sich immer zu schützen. Mit diesen Tipps und Trainingsübungen werden Sie schnell auf dem besten Weg sein, kraftvolle Haken wie ein Profiboxer zu schlagen. Üben Sie weiter und geben Sie niemals auf.

Wie man den Uppercut meistert

Ein Uppercut kann dem Gegner einen k.o.-Schlag versetzen. [16]

Der Uppercut ist ein mächtiges Werkzeug, das Sie Ihrem Boxarsenal hinzufügen können. Dieser Schlag ist für einen k.o.-Schlag gedacht und ist im Kampf sehr nützlich. Allerdings erfordert die korrekte Ausführung eines Uppercut viel Geschick und Übung. Dieser Abschnitt führt Sie durch die Definition, den Zweck und die Ausführung des Uppercut. Außerdem erhalten Sie Tipps zur Vermeidung häufiger Fehler und Trainingsübungen, um Ihren Uppercut zu verbessern.

Definition und Zweck eines Uppercut

Der Uppercut ist ein kurzer Schlag, der nach oben zum Kinn oder zum Rumpf des Gegners geworfen wird. Der Uppercut sorgt für einen k.o.-Schlag, indem er die Deckung des Gegners ausnutzt. Die meisten Boxer setzen den Uppercut ein, wenn der Gegner sich nach vorne lehnt oder versucht, eine Bewegung zu machen. Dieser Schlag ist sehr effektiv, wenn der Gegner versucht, sich Ihnen zu nähern.

Schritt-für-Schritt Aufbau und Durchführung des Uppercut

Hier erfahren Sie, wie Sie den Uppercut richtig durchführen:

1. Stellen Sie sich in Ihre Boxposition, die Füße schulterbreit auseinander und das Kinn nach unten.
2. Verlagern Sie Ihr Gewicht auf den hinteren Fuß und stellen Sie sich auf den Fußballen. Das gibt Ihnen Kraft und Hebelwirkung für den Schlag.
3. Halten Sie Ihren Ellbogen nahe am Körper und werfen Sie den Schlag mit den Knöcheln Ihrer Mittel- und Zeigefinger nach oben.
4. Zielen Sie auf das Kinn oder den Solarplexus des Gegners und setzen Sie Ihren Körper ein.
5. Kehren Sie nach dem Schlag in Ihre Haltung zurück und seien Sie sofort auf einen Gegenangriff vorbereitet.

Häufige Fehler, die Sie vermeiden sollten

Von allen Schlägen ist der Uppercut oft einer der am meisten missbrauchten oder übermäßig angewandten. Hier sind einige häufige Fehler, die Sie vermeiden sollten:

1. **Hetzen:** Nehmen Sie sich Zeit und überstürzen Sie den Schlag nicht. Vergewissern Sie sich, dass Sie den Schlag richtig vorbereitet haben, bevor Sie ihn durchführen.
2. **Erreichen:** Warten Sie, bis Sie mit dem Schlag nach Ihrem Gegner greifen. Halten Sie ihn nah am Körper und drehen Sie

sich auf den Fußballen, um Kraft und Hebelwirkung zu erzielen.
3. **Den Schutz senken:** Halten Sie Ihr Kinn immer unten und Ihre Deckung oben. Ein freiliegendes Kinn könnte ein potenzielles Ziel für einen Gegenschlag sein.
4. **Nicht laden:** Laden Sie den Schlag auf, indem Sie Ihr Gewicht auf den hinteren Fuß verlagern, bevor Sie ihn werfen.
5. **Absenken des Ellbogens:** Halten Sie Ihren Ellenbogen beim Schlag nahe am Körper. Das erhöht die Kraft des Schlags und verhindert, dass Sie gekontert werden.

Trainingsübungen zur Verbesserung Ihres Uppercut

Um Ihren Uppercut zu perfektionieren, sollten Sie die folgenden Trainingsübungen in Ihre Routine einbauen:

1. **Faust-Bewegungen:** Üben Sie, Ihre Faust aus der Deckung in die Uppercutposition und wieder zurück zu bewegen. Halten Sie Ihre Hand bei der Bewegung nah am Körper.
2. **Sparringspartner:** Suchen Sie sich einen Partner und üben Sie den Uppercut auf Fokusmatten oder schweren Säcken. Das Ziel ist es, den Schlag richtig vorzubereiten und auszuführen.
3. **Schattenboxen:** Üben Sie den Uppercut vor einem Spiegel oder ohne Spiegel. Konzentrieren Sie sich darauf, sich richtig aufzustellen und den Schlag mit der richtigen Form und Kraft zu werfen.
4. **Üben Sie selbständig den** Uppercut: Führen Sie den Uppercut selbstständig aus und achten Sie auf die Details. Konzentrieren Sie sich auf Ihre Form, Ihre Kraft und Ihr Timing. Je mehr Sie den Elementen Aufmerksamkeit schenken, desto besser wird Ihr Aufwärtshaken werden.
5. **Mit Kombinationen nachziehen**: Kombinieren Sie Uppercuts mit anderen Schlägen, nachdem Sie die Form perfektioniert haben. So können Sie lernen, den Schlag mit verschiedenen Schlägen zu verwenden.

Wie Sie Ihre Konterschläge im Boxen perfektionieren

Mit Konterschlägen können Sie die Schläge Ihres Gegners abwehren. [17]

Der große Boxer Muhammad Ali war für seine schnelle Beinarbeit und seinen kraftvollen Konterschlag bekannt. In einer Sportart wie dem Boxen kann es Ihnen einen erheblichen Vorteil verschaffen, wenn Sie die Bewegungen Ihres Gegners voraussehen und erfolgreich kontern können. Der Konterschlag ist eine strategische Bewegung, mit der Sie die Schläge Ihres Gegners ablenken und kontern können, während Sie Ihre Energie sparen und Ihre Chancen auf einen Treffer maximieren. In diesem Abschnitt geht es um die Definition und den Zweck eines Konterschlags, den schrittweisen Aufbau und die Durchführung. Außerdem erfahren Sie, wie Sie häufige Fehler vermeiden können, und Trainingsübungen zur Verbesserung Ihrer Konterschlagsfähigkeiten durchführen können.

Definition und Zweck eines Konterschlags

Der Konterschlag ist ein Schlag, den Sie erst einsetzen können, nachdem Sie einem Schlag Ihres Gegners ausgewichen sind. Der Gegenschlag zielt darauf ab, die Fehler Ihres Gegners auszunutzen, indem Sie ihn überrumpeln und sich dadurch eine Angriffsmöglichkeit verschaffen. Er ermöglicht es dem Konterschläger, die Runde dauerhaft zu beherrschen. Bei einem effektiven Gegenschlag kommt es vor allem auf Timing und Präzision an.

Schritt-für-Schritt Aufbau und Durchführung des Konterschlags

Denken Sie daran, dass der Konterschlag sparsam eingesetzt werden sollte. Mit den folgenden grundlegenden Schritten können Sie einen Gegenangriff vorbereiten und durchführen:

1. Gehen Sie dem Schlag Ihres Gegners aus dem Weg, indem Sie sich leicht zur Seite lehnen und Ihr Kinn nach unten drücken. So können Sie einen Gegenschlag durchführen.
2. Bringen Sie Ihren Schutz wieder nach oben und Ihre Faust nach vorne, während Sie sich auf Ihren Fußballen drehen.
3. Setzen Sie Kraft und Geschwindigkeit ein, um Ihren Schlag zu landen, während Sie Ihre Ellbogen nahe am Körper und Ihr Kinn unten halten.
4. Kehren Sie in die Deckungsposition zurück, sobald Sie den Schlag beendet haben.

Wenn Sie einen Schlag einstecken, bewegen Sie Ihren Oberkörper, Ihren Kopf und Ihre Füße weg von dem Schlag, der Sie zu treffen droht. Wenn es sich bei dem eingehenden Schlag um einen Jab handelt, weichen Sie in Richtung der Außenseite des Jabs aus und führen Sie einen Konterschlag in Richtung Kopf durch. Wenn ein Hakenschlag auf Sie zukommt, drehen Sie Ihre Füße weg, bewegen Sie Ihre Hüfte und schlagen Sie mit einem Konterschlag in Richtung Gesicht oder Körper. Bei eingehenden Uppercuts sollten Sie sich zur Seite lehnen und mit einem Schlag gegen Kopf oder Körper antworten.

Häufige Fehler, die Sie vermeiden sollten

Wenn Sie einen Konterschlag einsetzen wollen, sollten Sie die folgenden häufigen Fehler vermeiden:

1. **Zu langsam sein:** Denken Sie daran, Ihren Gegenschlag zeitlich genau richtig abzustimmen. Wenn Sie zu lange mit Ihrem Schlag warten, hat Ihr Gegner Zeit, sich zu erholen und einen weiteren Treffer zu landen.
2. **Das Gleichgewicht verlieren:** Achten Sie auf Ihr Gleichgewicht, indem Sie Ihre Füße, Knie und Hüften in einer geraden Linie lassen. Das hilft Ihnen, sich schnell zu bewegen und einen kraftvollen Konterschlag zu landen.
3. **Die Bewegung des Gegners nicht richtig einschätzen:** Achten Sie immer auf die Zeichen eines kommenden Schlags und antizipieren Sie die nächste Bewegung Ihres Gegners.
4. **Nicht die richtige Körperposition beibehalten:** Lassen Sie die Ellbogen angewinkelt, das Kinn unten und die Deckung aufrecht, damit Sie sich schnell bewegen und das Gleichgewicht halten können.

Trainingsübungen zur Verbesserung Ihrer Konterschlagsfähigkeiten

Im Folgenden finden Sie einige Trainingsübungen, die Ihnen dabei helfen, Ihre Fähigkeiten beim Konterschlag zu verbessern:

1. Doppelschritt-Drill: Bei dieser Übung weichen Sie zwei Jabs aus, bevor Sie einen Konterschlag platzieren.
2. Jab/Kreuzschlag: Bei dieser Übung weichen Sie einem Jab aus und kontern mit einem Kreuzschlag.
3. Hakenschlag/Uppercut-Drill: Bei dieser Übung nutzen Sie einen Hakenschlag und kontern mit einem Aufwärtshaken.
4. Schattenbox-Drill: Diese Übung beinhaltet Schattenboxen und sorgfältige Arbeit an Ihrem Timing.
5. Doppelter Uppercut-Drill: Bei dieser Übung werden zwei Uppercuts hintereinander eingesetzt, bevor Sie einen Konterschlag durchführen.

Das regelmäßige Üben dieser Schlagabläufe verbessert Ihr Timing, Ihre Kraft und Ihre Genauigkeit. Ihr Training hilft Ihnen, den effektiven Konterschlag erfolgreich zu vollenden. Außerdem können Sie mit diesen Tipps und Tricks Ihre Chancen maximieren, und mit etwas Übung einen kraftvollen Schlag landen.

Dieses Kapitel hat Ihnen einen Überblick über die verschiedenen Schläge und Gegenschläge beim Boxen gegeben. Dadurch haben Sie gelernt, mit welchen Trainingsübungen Sie Ihre Fähigkeiten verbessern können. Von Jabs und Kreuzschlägen bis hin zu Hakenschlägen und Uppercuts haben Sie die Grundlagen der einzelnen Schläge gelernt und erfahren, wie Sie einen Gegenschlag effektiv zeitlich einschätzen und durchführen können. Mit der nötigen Übung und Hingabe können Sie einen effektiven Konterschlag einsetzen, die Fehler Ihres Gegners ausnutzen und Ihre Chancen auf den Sieg in der Runde erhöhen. Viel Glück!

Kapitel 6: Verteidigungsstrategien und Tipps

Während der erfolgreiche Schlagaustausch der wohl auffälligste Teil des Sports ist, ist die Kunst der Verteidigung ebenso wichtig. Eine gute Verteidigung kann Ihnen dabei helfen, Schläge zu vermeiden und Energie zu sparen, wenn es darauf ankommt. Erfahrene Boxer können Schlägen ausweichen, sich durch die Deckung des Gegners hindurchschlängeln und mit ihrer Beinarbeit den Angriffen ausweichen. Das ist nicht einfach, aber das Ergebnis ist die Mühe wert. Eine erfolgreiche Verteidigung kann Ihnen den Vorteil verschaffen, aus einem brutalen Kampf siegreich hervorzugehen.

Dieses Kapitel befasst sich mit Tipps und Techniken für das defensive Boxen. Es zeigt Ihnen, wie Sie verschiedene Schläge blockieren und abwehren können, wie Sie Ihren Kopf verteidigen, die richtige Beinarbeit anwenden, ausweichen, den Gegner umklammern, rollen, Schläge parieren und sich drehen können. Diese entscheidenden Elemente des defensiven Boxens versetzen Sie in eine optimale Position, die Sie auf den Gewinn vorbereitet. Die Details sind beim Kampf das Wichtigste; manchmal hängt alles davon ab, ob Sie diese Fähigkeiten besitzen.

Defensives Blockieren

Defensives Blockieren kann auch für eine offensive Strategie genutzt werden.

Boxen ist oft ein aufregender Sport, aber er kann auch gefährlich werden. Ein gut zeitlich abgestimmter Schlag kann einen Kampf abrupt beenden, daher müssen die Kämpfer die Kunst der Verteidigung souverän beherrschen. Defensives Blockieren ist ebenso wichtig wie eine ausgezeichnete offensive Strategie. In diesem Abschnitt geht es um zwei wesentliche Boxtechniken: das Abwehren von Schlägen und den Schutz Ihres Kopfes. Ob Sie nun ein erfahrener Profi oder ein Anfänger sind, diese Strategien werden Sie schützen und Ihre Kampfkarriere verlängern.

Schläge abwehren

Das Ablenken von Schlägen ist eine wichtige defensive Blocktechnik, die jeder Kämpfer beherrschen sollte. Sie besteht darin, den Schlag des Gegners mit Ihrer Hand oder Ihrem Unterarm umzulenken, so dass er sein Ziel verfehlt. Richtig durchgeführt, kann das Abwehren von Schlägen den Rhythmus des Gegners stören, seine Energie verschwenden und eine riskante Gelegenheit für einen Gegenangriff schaffen. Hier finden Sie einige Tipps dazu, wie Sie diese Technik perfektionieren können:

1. **Behalten Sie eine entspannte Haltung bei**: Das Kämpfen mit einer angespannten Haltung ermüdet Sie schnell. Lassen Sie stattdessen

Ihren Körper entspannt, behalten Sie einen niedrigen Körperschwerpunkt bei und bleiben Sie leichtfüßig. Wenn Sie wachsam bleiben, sind Ihre Reflexe schneller, so dass Sie die Gefahr von Schlägen besser wahrnehmen und umlenken können.

2. **Benutzen Sie den Unterarm:** Eine effektive Unterarmdeckung ist ein hervorragendes Mittel zum Abwehren von Schlägen. Lassen Sie Ihre Arme in einer abwehrenden Position und benutzen Sie den Unterarm, um jeden Ihnen entgegenkommenden Jab oder Schlag abzuwehren. Der Unterarm sollte dabei angewinkelt sein, um die Kraft des Schlags abzufangen und ihn von Ihrem Kopf oder Körper wegzuleiten.

3. **Behalten Sie die Schultern Ihres Gegners im Auge:** Der Rumpf initiiert alle Schläge. Wenn Sie die Schultern Ihres Gegners im Auge behalten, können Sie die Richtung des Schlags vorhersagen und sich entsprechend vorbereiten. Wenn Sie sehen, dass sich die Schultern des Gegners anspannen, wissen Sie, dass ein Schlag kommt, und wenden dann automatisch die entsprechende Abwehrtechnik an, um ihn zu vermeiden.

4. **Verwenden Sie eine Ablenkungstaktik:** Je nach Winkel und Richtung des Schlags können Sie verschiedene Ablenkungstechniken anwenden. Die gängigsten sind das Parieren, Blockieren und Schlagen. Wenn der Schlag von oben kommt, lenken Sie ihn mit einer Parade ab. Wenn der Schlag von unten kommt, blockieren Sie ihn. Wenn der Schlag von schräg oben kommt, lenken Sie ihn mit einem Konterschlag ab.

Schutz für Ihren Kopf

Der Schutz Ihres Kopfes ist die wichtigste defensive Blocktechnik beim Boxen. Ein Schlag auf den Kopf kann zu einem k.o., zu Gehirnschäden oder zum Tod führen. Hier sind einige Tipps zum Schutz Ihres Kopfes:

1. **Behalten Sie Ihre Deckung bei:** Halten Sie Ihre Hände nahe am Gesicht und die Ellbogen angewinkelt. Diese Haltung schirmt Ihren Kopf vor Schlägen ab. Die ideale Schutzhaltung ist mit dem Kinn nach unten, den Ellenbogen nach innen und den Fäusten um das Gesicht herum.

2. **Halten Sie den idealen Abstand:** Eine hervorragende Möglichkeit, um Ihren Kopf zu schützen, besteht darin, den richtigen Abstand zwischen Ihnen und Ihrem Gegner einzuhalten. Wenn Sie zu weit weg sind, wird es schwieriger, erfolgreich Schläge zu landen. Wenn

Sie zu nahe dran sind, hat Ihr Gegner freie Bahn für einen Schlag auf Ihren Kopf. Daher ist der ideale Abstand gerade außerhalb der Reichweite der Schläge Ihres Gegners.
3. **Üben Sie die Kopfbewegung**: Zu einer guten Kopfbewegung gehören Ducken, Ausweichen und Vorwärts- und Rückwärtsbewegungen. Üben Sie diese Manöver, um besser ausweichen zu können und nicht getroffen zu werden. Außerdem ist es wichtig, dass Sie Ihren Kopf ständig in Bewegung halten, damit der Gegner nicht vorhersehen kann, wohin Sie sich bewegen wollen und seinen Schlag entsprechend ausrichten kann.
4. **Wissen, wie man mit dem Gegner ringen kann:** Wenn die Schläge Ihres Gegners zu schnell oder zu stark werden, dann ringen Sie mit ihm. Das Ringen, oder sogenannte „Clinchen" bedeutet, dass Sie Ihren Gegner in einer engen Umarmung festhalten, um ihn daran zu hindern, Sie mit seinen Schlägen zu treffen. Indem Sie die Arme des Gegners ergreifen und eng an dessen Körper drücken, verhindern Sie, dass er weitere Schläge gegen Sie austeilt.

Grundlagen der Beinarbeit beim Boxen: Wie man sich mit Geschwindigkeit und Präzision durch den Ring bewegt

Die Beinarbeit ist einer der wichtigsten Aspekte des Sports. Gute Beinarbeit ermöglicht es Boxern, sich schnell und effizient im Ring zu bewegen, effektive Schläge zu landen und gleichzeitig den Angriffen ihrer Gegner auszuweichen. Dieser Abschnitt befasst sich mit einigen grundlegenden Techniken der Beinarbeit, die Boxer verwenden, wenn sie sich im Ring bewegen. Dabei geht es um alles von der Grundhaltung und dem Gleichgewicht bis hin zur Gewichtsverlagerung und der Anpassung der Fußposition für verschiedene Schläge. Ob Sie nun ein erfahrener Profi oder ein Anfänger sind, die Beherrschung dieser Grundlagen ist entscheidend für den Erfolg im Ring.

In Stellung gehen

Bevor Sie sich im Ring bewegen, müssen Sie die richtige Haltung einnehmen. Das bedeutet, dass Sie die Füße schulterbreit auseinanderstellen und die Zehen leicht nach außen zeigen sollten. Ihre Knie sollten leicht gebeugt sein, und Ihr Gewicht sollte gleichmäßig auf beide Füße verteilt sein. Sie können Ihre Haltung von hier aus je nach

Position und Bewegungen Ihres Gegners anpassen.

Profiboxer passen ihre Haltung oft an, um je nach Situation aggressiver oder defensiver zu agieren. Wenn Ihr Gegner zum Beispiel viele Schläge austeilt, nehmen Sie vielleicht eine defensivere Haltung ein, mit den Händen höher in der Luft und dem Kinn auf der Brust. Wenn Sie hingegen eine Kombination von Schlägen ausüben wollen, können Sie Ihre Haltung etwas breiter und aggressiver gestalten.

Bewegung im Ring

Sobald Sie die richtige Haltung eingenommen haben, ist es an der Zeit, sich zu bewegen. Sie können sich vorwärts, rückwärts und seitwärts bewegen, indem Sie kleine, schnelle Schritte machen. Bleiben Sie leichtfüßig und lassen Sie Ihre Knie gebeugt, um das Gleichgewicht und die Stabilität zu erhalten. Machen Sie kurze Schritte mit dem vorderen Fuß und nutzen Sie Ihren hinteren Fuß, um sich bei Bedarf weiter vorwärts zu bewegen. Wenn Sie sich rückwärts bewegen, kehren Sie diese Bewegung um, indem Sie kleine Schritte mit dem hinteren Fuß machen und sich mit dem vorderen Fuß abstoßen. Bei der seitlichen Bewegung machen Sie kleine Schritte zur Seite, um den Schlägen Ihres Gegners auszuweichen oder um sich in eine bessere Ausgangsposition zu bringen.

Balancieren und Gewicht verlagern

Während Sie sich im Ring bewegen, müssen Sie das Gleichgewicht halten und Ihr Gewicht effektiv verlagern. Dazu müssen Sie Ihr Gewicht auf den Füßen zentrieren und es von einem Fuß auf den anderen verlagern. Wenn Sie beispielsweise einen Schlag mit der Führhand durchführen, verlagern Sie Ihr Gewicht leicht auf den vorderen Fuß, während Sie Ihren hinteren Fuß zur Stabilität mit Gewicht belasten und so verankern. Das gleiche Prinzip gilt, wenn Sie einen Schlag mit der Rückhand durchführen. Sie verlagern Ihr Gewicht auf die andere Seite und verwenden Ihren Führungsfuß für das Gleichgewicht.

Anpassen der Fußposition für verschiedene Positionen

Verschiedene Schläge erfordern eine stets unterschiedliche Fußstellung. Wenn Sie zum Beispiel einen Jab einsetzen, sollte Ihr Führungsfuß leicht nach vorne treten, damit Sie mehr Reichweite für Ihren Schlag haben. Bei einem Hakenschlag sollte Ihr vorderer Fuß nach außen schwenken, damit Sie Ihren Körper drehen und mehr Kraft in Ihren Schlag einbringen können. Für einen Aufwärtshaken schließlich sollten Sie nahe an Ihren Gegner herankommen und mit dem vorderen Fuß nach vorne treten, um in dessen Reichweite zu kommen.

Beinarbeit üben

Wie jede Fähigkeit beim Boxen erfordert auch die richtige Beinarbeit Übung. Arbeiten Sie im Fitnessstudio an Ihrer Beinarbeit und konzentrieren Sie sich darauf, sich schnell und effizient im Ring zu bewegen. Üben Sie verschiedene Schläge und Fußstellungen und machen Sie sich mit jeder Bewegung und jedem Übergang gut vertraut. Wenn Sie Ihre Beinarbeit verbessern, werden Sie effektivere Schläge durchführen und den Angriffen Ihres Gegners leichter ausweichen können. Hier sind einige Übungen, die Ihnen den Einstieg erleichtern:

1. **Schattenboxen**: Üben Sie Ihre Beinarbeit und Schläge am Sandsack und konzentrieren Sie sich dabei auf Geschwindigkeit, Kraft und Genauigkeit.
2. **Reaktionsübungen**: Lassen Sie sich von einem Partner Schläge mit unterschiedlichen Geschwindigkeiten und Winkeln zuwerfen. Üben Sie, wie Sie Ihr Gewicht richtig verlagern, Ihre Fußposition anpassen und den Schlägen ausweichen oder sie abblocken.
3. **Geschwindigkeitsübungen**: Stellen Sie fest, wie schnell Sie sich im Ring bewegen können, indem Sie die Beinarbeit in verschiedenen Geschwindigkeiten trainieren.
4. **Ausweichübungen**: Lassen Sie sich von Ihrem Partner Jabs und Kreuzschläge zuwerfen und üben Sie, den Schlägen auszuweichen oder zur Seite zu entkommen.

Die richtigen Kopfbewegungen

Beim Boxen geht es nicht nur darum, Schläge auszuführen, sondern auch darum zu wissen, wie man ihnen ausweichen kann. Daher sind Kopfbewegungstaktiken beim Boxen unerlässlich, wenn Sie sich erfolgreich verteidigen wollen. Diese Strategien können Ihnen dabei helfen, Schlägen auszuweichen, Gegenangriffe zu starten und sich selbstbewusst im Ring zu bewegen. In diesem Abschnitt werden diese Taktiken im Detail besprochen und Sie erfahren mehr darüber, wie Sie sie beherrschen können.

1. **Bobbing:** Das Bobbing ist eine Technik, bei der der Kopf auf und ab bewegt wird, während die Füße fest am Boden verankert bleiben. Es ist eine hervorragende Taktik, die besonders nützlich ist, um Uppercut und Hakenschlägen auszuweichen. Um diese Technik durchzuführen, sollten Sie Ihre Knie leicht gebeugt lassen und Ihren Kopf fließend nach oben und unten bewegen. Lassen Sie Ihre Hände oben, um sich gegen Jabs und andere direkte

Schläge zu verteidigen. Üben Sie das Bobbing, indem Sie sich von Ihrem Partner mit Schlägen angreifen lassen, während Sie ausweichen.

2. **Weben:** Das Weben ist eine Strategie, bei der Sie Ihren Kopf von einer Seite zur anderen bewegen, während Sie Ihre Knie beugen. Dies ist eine effektive Taktik, um geraden Schlägen auszuweichen. Bei dieser Technik bewegen Sie Ihren Kopf nach links und rechts, während Sie Ihre Hände oben lassen, um Schläge abzuwehren. Sie können das Ausweichen üben, indem Sie einen Partner bitten, Sie mit direkten Schlägen anzugreifen, während Sie ausweichen.

3. **Ausweichen:** Beim Ausweichen bewegen Sie den Kopf zur Seite, um den Schlägen zu entgehen. Dies ist eine ausgezeichnete Taktik, um Jabs und anderen Schlägen auszuweichen. Um diese Taktik durchzuführen, bewegen Sie Ihren Kopf nach links oder rechts, während Sie Ihre Knie beugen. Üben Sie das Ausweichen, indem Sie sich von einem Partner Jabs und direkte Schläge zuwerfen lassen, während Sie ihnen ausweichen.

4. **Rotieren:** Beim Rotieren bewegen Sie Ihren Kopf in kreisförmigen Bewegungen, um Schlägen auszuweichen. Es ist eine effektive Taktik, um Hakenschläge und Uppercuts abzuwehren. Um diese Technik auszuüben, bewegen Sie Ihren Kopf in einer kreisförmigen Bewegung, während Sie Ihre Hände oben halten, um sich gegen Jabs und direkte Angriffe zu verteidigen. Üben Sie das Rotieren, indem Sie sich von einem Partner mit Hakenschlägen und Uppercutangriffen attackieren lassen, während Sie sich bewegen, um ihnen auszuweichen.

5. **Parieren:** Parieren ist eine Technik, bei der Sie einen Schlag mit Ihren Händen abwehren. Sie ist eine hervorragende Technik, um Jabs und Geraden auszuweichen. Um diese Taktik durchzuführen, weichen Sie mit Ihrer vorderen Hand einem Schlag aus, indem Sie den Arm des Gegners zur Seite schieben. Üben Sie das Parieren, indem Sie sich von einem Partner Jabs und direkte Schläge zuwerfen lassen, während Sie ausweichen, um sie abzuwehren.

6. **Pivotieren:** Beim Pivotieren geht es darum, dass Sie Ihren Körper drehen, um einem Schlag auszuweichen. Es handelt sich um eine effektive Taktik, um Hakenschlägen und Upercuts abzuwehren. Um diese Technik durchzuführen, drehen Sie sich auf dem

vorderen Fuß, um Ihren Körper nach links oder rechts zu rotieren. Lassen Sie Ihre Hände oben, um Jabs und gerade Schläge abzuwehren. Üben Sie die Drehung, indem Sie sich von einem Partner Hakenschläge und Uppercuts zuwerfen lassen, während Sie sich drehen, um ihnen auszuweichen.

Das Beherrschen von Kopfbewegungstechniken ist für jeden, der ein guter Boxer sein will unerlässlich. Diese Methoden können Ihnen helfen, Schläge zu vermeiden und effektiv zu kontern. Bobbing, Weben, Ausweichen, Rotieren, Parieren und Pivotieren zählen zu den wichtigen Techniken, die jeder angehende Boxer beherrschen sollte. Trainieren Sie diese Fähigkeiten regelmäßig mit einem Partner, um Ihr Können und Ihr Selbstvertrauen im Ring zu verbessern. Denken Sie daran, Ihre Hände immer oben zu lassen, ruhig zu bleiben und sich flüssig und anmutig zu bewegen.

Ringen zur Verteidigung: Wie Sie Ihre Arme einsetzen und die Distanz kontrollieren

Ringen ist ein wertvolles Verteidigungsinstrument.

Beim Boxen müssen Sie manchmal Ihren ganzen Körper einsetzen, um sich zu verteidigen, einschließlich Ihrer Arme und Ringfähigkeiten. Beim Ringen halten Sie den Körper Ihres Gegners fest, um seine Bewegungen zu kontrollieren und möglichen Schaden zu verringern. Das Ringen kann ein wertvolles Verteidigungsmittel sein. In diesem Abschnitt geht es um zwei wichtige Aspekte des Ringens: den Einsatz Ihrer Arme zur Verteidigung und die Kontrolle der Distanz beim Ringen.

Verwenden Sie Ihre Waffen zur Verteidigung

Ihre Arme sind für den Erfolg beim Ringen entscheidend. Wenn Ihr Gegner angreift, nutzen Sie Ihre Arme, um Ihren Kopf und Körper zu schützen. Drücken Sie zum Beispiel Ihre Ellbogen an Ihren Körper und bringen Sie Ihre Hände vor Ihr Gesicht. Wenn Ihr Gegner versucht, Sie zu schlagen, sind so Ihr Kopf und Ihr Körper geschützt.

Wenn Sie mit Ihrem Gegner ringen, sollten Ihre Arme den Körper Ihres Gegners umfassen. Halten Sie dessen Ellbogen fest und drücken Sie Ihren Körper gegen den des Gegners. So können Sie die Bewegungen des Gegners kontrollieren und seinen Bewegungsspielraum um Sie herum einschränken. Verwenden Sie Ihre Arme, um die Knie Ihres Gegners zu blockieren. Das kann sehr effektiv gegen Kämpfer sein, die versuchen, Sie beim Ringen in die Knie zu zwingen.

Ein weiterer hervorragender Einsatz für Ihre Arme ist es, bei Bedarf mehr Platz zu schaffen. Wenn Sie sich zum Beispiel in einer engen Ringposition befinden und Ihr Gegner Ihre Bewegungen kontrolliert, stoßen Sie ihn mit Ihren Armen weg. Das schafft Abstand zwischen Ihnen und Ihrem Gegner und gibt Ihnen Raum, sich zu bewegen und sich zu verteidigen.

Kontrollieren Sie die Distanz beim Ringen

Die Kontrolle der Distanz ist ein grundlegender Teil des Ringens. Sie müssen wissen, wie Sie nahe an Ihren Gegner herankommen und dort bleiben können, ohne ihm zu viel Platz zu geben, so dass es sich nicht um Sie herum bewegen kann. Der Schlüssel dazu sind kleine Schritte und geringfügige Anpassungen Ihres Standes und Ihrer Körperposition. Wenn Sie zum ersten Mal die Ringposition einnehmen, bewegen Sie sich mit kleinen Schritten auf Ihren Gegner zu. Bringen Sie Ihren Kopf und Körper nahe an den des Gegners heran und legen Sie Ihre Arme um seinen Körper. Sobald Sie die Bewegung Ihres Gegners kontrollieren, machen Sie kleine Schritte rückwärts oder seitwärts, um Ihre Position beizubehalten.

Wenn Ihr Gegner versucht, sich von Ihnen zu entfernen, ziehen Sie ihn mit Ihren Armen zurück. Lassen Sie Ihre Ellbogen eng am Körper und drücken Sie mit Ihrer Brust und Ihren Schultern gegen die des Gegners. So kontrollieren Sie seine Bewegungen und halten ihn in Ihrer Nähe. Manchmal wird Ihr Gegner Sie zurückstoßen oder sich von Ihnen entfernen. Seien Sie in diesen Situationen geduldig und nehmen Sie kleine Anpassungen an Ihrer Haltung und Körperposition vor. Halten Sie Ihre Arme hoch, bereit zur Verteidigung, und warten Sie auf die richtige Gelegenheit, um zuzuschlagen.

Das Ringen dient manchmal als ein sehr effektives Verteidigungsmittel, wenn es richtig eingesetzt wird. Der Einsatz Ihrer Arme zur Verteidigung und die Kontrolle der Distanz beim Ringen sind gehören zu den zwei entscheidenden Aspekten eines erfolgreichen Ringens. Üben Sie diese Fähigkeiten mit einem Partner, um Ihre Technik und Kontrolle zu verbessern. Denken Sie daran, Ihre Ellbogen dabei fest anzuspannen und Ihre Brust und Schultern einzusetzen, um die Bewegungen Ihres Gegners zu kontrollieren. Mit etwas Übung kann das Ringen zu einem wertvollen Bestandteil Ihres Kampfrepertoires werden.

Tipps von Profikämpfern zur Boxverteidigung

Egal, ob Sie noch ein Anfänger oder bereits ein erfahrener Boxer sind, die Verteidigung ist ein wesentlicher Bestandteil Ihres Trainingsplans. Die richtige Verteidigung kann den Schaden, den die Schläge eines Gegners anrichten, minimieren und ihn ermüden. Im Folgenden finden Sie einige der besten Verteidigungstipps von Profiboxern, die Sie in Ihr Training einbauen können.

1. **Lassen Sie Ihre Hände oben:** Einer der grundlegendsten und wichtigsten Aspekte der Boxverteidigung ist es, dass Sie Ihre Hände vor Ihrem Gesicht hochhalten. Ihre Hände sollten so positioniert werden, dass sie Ihre Nase und Ihr Kinn bedecken und gleichzeitig genug Platz bieten, um die Schläge Ihres Gegners zu sehen. Diese Abwehrtechnik blockiert Schläge, die direkt auf Sie zukommen und aus einem bestimmten Winkel kommen.

2. **Bleiben Sie wachsam und lassen Sie die Augen offen:** Während des Kampfes müssen Sie sich konzentrieren und wachsam bleiben. Beobachten Sie Ihren Gegner genau und achten Sie auf Anzeichen für einen Angriff. Auf diese Weise können Sie Ihre Züge auf der Grundlage der Züge Ihres Gegners planen. Das

Offenhalten Ihrer Augen ist eine wichtige Fähigkeit, die Sie durch regelmäßiges Üben entwickeln müssen.

3. **Boxhaltung:** Eine solide Boxhaltung kann Ihnen dabei helfen zu lernen, wie Sie sich beim Kämpfen besser verteidigen können. Stellen Sie Ihre Füße schulterbreit auseinander, den linken Fuß nach vorne (wenn Sie Rechtshänder sind), beugen Sie die Knie leicht und heben Sie die Hände zum Schutz Ihres Gesichts nach oben. Verwenden Sie Ihre linke Hand, um den Jab Ihres Gegners abzublocken, während Sie Ihre rechte Hand für kräftige Schläge nutzen. Halten Sie Ihre Ellbogen nahe an Ihren Rippen, um es Ihrem Gegner zu erschweren, Ihren Körper zu treffen.

4. **Gegenangriff:** Die beste Verteidigung ist eine gute Offensive. Wenn Sie eine Lücke sehen, nutzen Sie sie voll aus. Setzen Sie einen Gegenschlag ein und sorgen Sie dafür, dass Ihr Gegner zurückschlägt, um den Druck auf Sie zu verringern und Ihnen dabei zu helfen, an Schwung zu gewinnen. Wenn Sie die Gelegenheit zum Gegenangriff bekommen, seien Sie schnell und aggressiv.

5. **Partnerübungen:** Üben Sie mit Ihrem Partner, um zu lernen, wie Sie sich richtig verteidigen. Machen Sie Partnerübungen und lernen Sie, wie Sie deren Schläge richtig blockieren und Ihre Schläge sicher landen. Das Üben mit einem Partner hilft Ihnen dabei, Ihr Timing und Ihre Reflexe zu entwickeln. In einem echten Kampf müssen Sie die Bewegungen Ihres Gegners vorhersehen und Ihre Schläge einbringen, bevor er es tut. Wenn Sie praktische Erfahrungen mit einem Partner sammeln, entwickeln Sie diese Fähigkeit.

6. **Konzentrieren Sie sich auf das Timing:** Das Timing ist eine wichtige Fähigkeit bei der Verteidigung im Boxen. Sie müssen Ihre Blocks und Gegenschläge perfekt timen, um nicht getroffen zu werden. Konzentrieren Sie sich auf die Entwicklung Ihres Timings und Ihrer Reflexe, indem Sie Übungen mit einem Partner machen. Denken Sie daran, dass Sie sich nur manchmal darauf verlassen können, dass Ihre Deckung Sie schützt. Sie müssen wachsam sein und das Blockieren richtig timen, um sich effektiv zu verteidigen.

7. **Achten Sie auf die Kombinationen, die Ihr Gegner nutzt:** Es ist wichtig, dass Sie auf die Kombinationen Ihres Gegners achten.

Wenn Sie bemerken, dass er eine Vielzahl von Schlägen durchführt, seien Sie darauf vorbereitet, sie alle zu blockieren. Lernen Sie, sich gegen Kombinationen zu verteidigen, indem Sie mit einem Partner üben und sicherstellen, dass Sie während Ihrer Kämpfe wachsam bleiben. Lernen Sie, die Bewegungen Ihres Gegners vorauszusehen und schnell zu reagieren.

Die Verteidigung ist entscheidend für Ihre Leistung beim Boxen. Es ist wichtig, dass Sie eine gute Verteidigung entwickeln, um unnötige Treffer zu vermeiden. In diesem Kapitel ging es um die Abwehr von Schlägen, das Ablenken von Schlägen, das Ausweichen, Ringen, Rotieren und Parieren. Es enthält einige der besten Verteidigungstipps von Profiboxern, die Sie in Ihr Trainingsprogramm einbauen können. Denken Sie daran, Ihre Hände oben zu lassen, wachsam zu bleiben und die Augen offen zu halten. Bewegen Sie immer Ihren Kopf, konzentrieren Sie sich auf Ihre Beinarbeit, seien Sie zum Gegenangriff bereit und üben Sie mit Partnerübungen. Diese Tipps werden Ihre Verteidigung verbessern und Sie zum Erfolg führen.

Kapitel 7: 13 Profi-Kombinationen, die Sie noch nicht kannten

Die Kunst des Boxens besteht nicht nur darin, zu lernen, wie man schlägt. Es geht darum, die Bewegungen so strategisch wie möglich zu kombinieren. Die richtige Kombination von Schlägen kann den Unterschied zwischen Sieg und Niederlage ausmachen. Zu einer gut durchgeführten Schlagkombination gehören Präzision, Genauigkeit und Timing. Es ist wie ein choreografierter Tanz, bei dem jeder Schritt voller Konzentration und Entschlossenheit durchgeführt werden muss. Das Kombinieren von Schlägen kann eine Herausforderung sein, vor allem, wenn Sie es mit einem erfahrenen Gegner zu tun haben, aber wenn Sie es erst einmal beherrschen, ist es eine wahre Schönheit.

Das Beherrschen von Kombinationen sollte ganz oben auf Ihrer Prioritätenliste stehen, wenn Sie je eine Chance haben wollen, ein Boxchampion zu werden. In diesem Kapitel lernen Sie die Grundlagen, erfahren, wie Sie mittlere und fortgeschrittene Kombinationen üben, und lernen einige sogenannte „Finishing Moves", die Ihnen dabei helfen, in einem Kampf die Oberhand zu gewinnen. Darüber hinaus behandelt es Schritt-für-Schritt-Anleitungen zu jeder Kombination, damit Sie diese üben und Ihre Fähigkeiten verbessern können, bis Sie diese völlig verinnerlicht haben. Schließlich macht Übung den Meister.

Basisboxkombinationen zur Verbesserung Ihrer Fähigkeiten

Jeder Boxer weiß, wie wichtig es ist, zunächst die Grundlagen zu beherrschen. Grundlegende Boxkombinationen sind die Basis des Boxens, die Ihnen dabei helfen, die Oberhand im Ring zu gewinnen. Sie müssen an Ihrer Technik und Form arbeiten, um den perfekten Schlag oder den perfekten Gegenangriff zu meistern. Dieser Abschnitt führt Sie durch die wichtigsten Kombinationen, um Ihre Boxfähigkeiten auf die nächste Stufe zu bringen.

Kombination aus Jab und Kreuzschlag

JAB   KREUZSCHLAG

Kombination aus Jab und Kreuzschlag

Es handelt sich hierbei um eine der häufigsten und effektivsten Boxkombinationen. Beginnen Sie mit einem schnellen und scharfen Jab ins Gesicht Ihres Gegners, gefolgt von einem kräftigen Kreuzschlag mit Ihrer dominanten Hand. Lassen Sie nach dem Kreuzschlag Ihre Deckung oben, um einen Gegenschlag Ihres Gegners zu vermeiden. Üben Sie diese Schlagkombination mit einem schnellen oder schweren Sandsack, um Ihr Timing und Ihre Koordination zu verbessern.

Kombination aus Hakenschlägen und Uppercuts

Die Kombination aus Haken und Aufwärtshaken bietet Ihnen eine gute Möglichkeit, Ihren Gegner zu überraschen. Beginnen Sie mit einem schnellen Hakenschlag mit Ihrer dominanten Hand auf den Kopf oder Körper Ihres Gegners, gefolgt von einem Uppercut mit Ihrer anderen Hand, um ihn zu überrumpeln. Lassen Sie Ihren Körper während der Schlagkombination im Gleichgewicht und auf dem Boden, um zu vermeiden, dass Sie umgehauen werden. Üben Sie diese Kombination an einem schweren Sandsack, um Ihre Ausdauer und Kraft zu verbessern.

Rechte Oberhandkombination

Rechte Oberhandkombination.[18]

Die rechte Oberhandkombination ist ein kraftvoller Schlag, der Ihren Gegner zu Boden bringen kann. Beginnen Sie mit einem Jab, um Ihren Schlag vorzubereiten, und schlagen Sie dann mit Ihrer dominanten Hand einen rechten Überhandschlag direkt auf den Kopf Ihres Gegners. Diese Kombination muss mit der richtigen Technik durchgeführt werden, damit Sie Ihre Bewegung nicht übersehen. Der Schlüssel zu dieser Kombination ist es, die Hüfte zu drehen und während des Schlags mit der Schulter durchzuziehen.

Eins-Zwei-Drei-Kombination

Eins-Zwei-Drei-Kombination

Die Eins-zwei-drei-Kombination ist ein fester Bestandteil des Arsenals eines Boxers. Beginnen Sie mit einem Jab, gefolgt von einem Kreuzschlag und enden Sie mit einem Hakenschlag zum Kopf oder Körper Ihres Gegners. Drehen Sie Ihren Fuß während des Hakenschlags, um Ihrem Schlag mehr Kraft zu verleihen. Diese Kombination ist perfekt, um Ihren Gegner mit einer schnellen und kraftvollen Schlagfolge zu Fall zu bringen.

Boxen für Fortgeschrittene meistern

Zwischenschritte sind für Boxer entscheidend, um ihre Leistung im Ring zu verbessern. Diese Bewegungen umfassen Kombinationen von Schlägen, die Schnelligkeit, Beweglichkeit, Genauigkeit und Kraft erfordern. In diesem Abschnitt erfahren Sie, wie Sie sich einen Vorteil gegenüber Ihrem Gegner verschaffen können. Wenn Sie diese Schläge regelmäßig an einem schweren Sandsack und an einem kleineren Boxsack üben, um Ihre Bewegungen zu perfektionieren, werden Sie im Ring nicht mehr aufzuhalten sein.

Kombination aus linkem Haken und rechter Oberhand

Die Kombination aus linkem Haken und der rechten Oberhand ist eine kraftvolle Kombination, die Ihren Gegner verwirren und aus dem Gleichgewicht bringen kann. Beginnen Sie damit, einen linken Haken gegen den Kopf oder Körper des Gegners zu richten, gefolgt von einem Oberhandschlag mit der rechten Hand. Stellen Sie sicher, dass Sie Ihren linken Fuß drehen, während Sie den linken Haken platzieren. Diese Bewegung trägt dazu bei, dass die Kraft Ihres Schlags erhöht wird, indem Sie Ihr Gewicht auf den vorderen Fuß verlagern. Der rechte Oberhandschlag sollte Ihren Gegner überraschen und ihn aus dem Gleichgewicht bringen. Denken Sie daran, den Schlag konsequent durchzuziehen, um dessen Wirkung zu maximieren.

Kombination aus vorderem und hinterem Uppercut

Kombination aus vorderem und hinterem Uppercut

Eine Kombination aus vorderem und hinterem Uppercut ist im Kampf dann nützlich, wenn Sie die Distanz zu Ihrem Gegner verringern wollen. Beginnen Sie mit einem Aufwärtshaken mit der linken Hand und setzen Sie dann mit einem Aufwärtshaken mit der rechten Hand nach. Der vordere Aufwärtshaken sollte auf dem Kinn landen, während der hintere Aufwärtshaken auf den Solarplexus oder die Leber abzielt. Üben Sie diese Kombination mit einem Sandsack, um Ihre Genauigkeit und Geschwindigkeit zu erhöhen.

Doppelhaken und Uppercut Kombination

Die Kombination aus dem Doppelhaken und dem Uppercut ist eine auffällige und effektive Technik, mit der Sie Ihren Gegner verwirren können. Beginnen Sie mit einem linken Haken in Richtung Körper oder Kopf, lassen Sie einen rechten Haken zum Körper oder Kopf folgen und beenden Sie den Angriff mit einem linken Aufwärtshaken. Drehen Sie Ihre Füße und die Hüfte jedes Mal, wenn Sie die Schläge durchführen. Die Schläge sollten auf die Rippen oder die Schläfe zielen, während der Aufwärtshaken auf das Kinn abzielt. Üben Sie diese Kombo, indem Sie sich die Bewegung Ihres Gegners vorstellen und Ihre Schläge entsprechend anpassen.

Fortgeschrittene Combos

Boxkombos sind schwierig zu meistern, aber sie können Ihr Spiel auf die nächste Stufe heben, wenn Sie erst einmal den Dreh raus haben. Mit den richtigen Schlagkombinationen können Sie das Tempo bestimmen, sich Öffnungen schaffen und Ihre Gegner mit schnellen, kraftvollen Schlägen betäuben. Daher ist es an der Zeit, dass Sie Ihre Fähigkeiten steigern und an fortgeschrittenen Boxkombos arbeiten. In diesem Abschnitt finden Sie einige der effektivsten Kombos, mit denen Sie Ihre Kampffähigkeiten verbessern und Ihre Gegner auf Trab halten können.

Kombination aus rechtem Haken und linkem Haken

Diese Kombination beginnt mit einem rechten Haken

Die Kombination aus führendem rechten Haken und hinterem linken Haken ist eine kraftvolle Kampfstrategie, die dazu dient, die Distanz zum Gegner zu schließen und ihn dadurch zu überwältigen. Beginnen Sie mit einem Jab, schaffen Sie sich eine Öffnung und folgen Sie dem Jan mit einem rechten Haken. Wenn die Deckung Ihres Gegners nachlässt, um den vorderen Haken abzuwehren, lassen Sie einen hinteren linken Haken folgen, der Ihnen vielleicht sogar einen k.o.-Schlag ermöglichen kann. Diese Kombination erfordert gute Beinarbeit und gutes Timing, daher sollten Sie sie gemeinsam mit einem Sparringspartner üben.

Kombination aus rechtem Uppercut und linkem Haken von hinten

Die Kombination aus rechtem Aufwärtshaken und linkem Haken von hinten ist eine weitere effektive Kombination, mit der Sie Ihren Gegner überrumpeln können. Beginnen Sie mit einem schnellen Jab, gefolgt von einem Schlag mit dem rechten Uppercut. Der Uppercut sollte das Kinn Ihres Gegners treffen, so dass er betäubt und offen für einen weiteren Treffer durch den hinteren linken Haken ist. Der linke Haken ist ein verheerender Schlag, der Ihren Gegner außer Gefecht setzen kann. Achten Sie also auf ein gutes Gleichgewicht und eine gute Haltung, bevor Sie ihn versuchen.

Vier-Schlags-Kombination

Die Vier-Schlags-Kombination ist einen Versuch wert, wenn Sie eine komplexere Kampfkombination ausprobieren möchten. Diese Kombination beginnt mit einem linken Haupthaken, gefolgt von einem Jab, einem weiteren Haken und einem Kreuzschlag. Der erste Schlag sollte eine Öffnung für den Jab schaffen, der den Hakenschlag einleitet. Der letzte Schlag, der Kreuzschlag, kann ein k.o.-Treffer sein, der den Kampf beenden kann. Diese Kombination erfordert eine gute Koordination und gutes Timing. Üben Sie sie daher langsam und steigern Sie allmählich das Tempo.

Kombination aus rechtem Jab und linkem Uppercut von hinten

Beginnen Sie diese Kombination mit einem Jab mit der rechten Hand.

Die Kombination aus rechtem Jab und linkem Aufwärtshaken ist eine Variation der vorherigen Kombinationen und kann unterschiedlich durchgeführt werden. Beginnen Sie mit einem rechten Jab, gefolgt von einem Uppercut von hinten mit der linken Hand. Dann können Sie den Aufwärtshaken zum Kinn oder zum Körper Ihres Gegners bewegen, je nachdem, ob dieser in Deckung geht. Diese Kombination kann mit verschiedenen Bewegungsvarianten durchgeführt werden, z.B. mit einem linken Haken, einem rechten Haken oder einem Körpertreffer.

Doppelter Jab und rechte Kreuzschlagskombination

Die Kombination aus doppeltem Jab und rechtem Haken ist eine klassische Kombination, die dazu dient, das Tempo des Kampfes zu kontrollieren. Beginnen Sie mit zwei schnellen Jabs, die Ihnen eine Möglichkeit für eine kraftvolle rechte Flanke schaffen. Der doppelte Jab hält Ihren Gegner auf Trab und bereitet Ihre Kraftschläge vor. Diese Kombination erfordert gute Genauigkeit und Schnelligkeit, also üben Sie Ihre Jabs und Kreuzschläge, bevor Sie sie ausprobieren.

K.o.-Techniken: Meistern Sie diese „Finishing Moves"

Es ist kein Geheimnis, dass k.o.-Schläge den Unterschied zwischen Sieg und Niederlage ausmachen können. Aber als Boxer können Sie durch die Beherrschung von „Finishing Moves" die Oberhand gewinnen und den Kampf zu Ihren Gunsten beenden. Dieser Abschnitt befasst sich mit einigen der effektivsten „Finishing Moves" in Ihrem Arsenal.

Linker Führungshaken und rechter hinterer Haken

Einer der beliebtesten „Finishing Moves" im Boxen ist die Kombination aus linkem Vorhandhaken und rechtem Hinterhandhaken. Diese Technik beginnt mit einem linken vorderen Haken und einem hinteren rechten Haken, um Ihren Gegner aus dem Gleichgewicht zu bringen und seine Verteidigung zu untergraben. Der Schlüssel zu dieser Kombination liegt darin, beide Schläge mit schnellen, flüssigen Bewegungen durchzuführen. Achten Sie darauf, dass Sie Ihre Schläge mit Präzision und Kraft landen, um ein erfolgreiches k.o. zu erzielen.

Kombination aus führendem linken Uppercut, hinterem rechten Kreuzschlag und führendem rechten Uppercut

Ein weiterer effektiver „Finishing Move" ist die Kombination aus linkem Aufwärtshaken, Kreuzschlag von hinten und rechtem Uppercut von vorn. Diese Kombination beginnt mit einem linken Uppercut, gefolgt von einem rechten hinteren Kreuzschlag und endet mit einem rechten Uppercut. Diese Bewegungsabfolge ist in Nahkampfsituationen sehr effektiv, da sie es Ihnen erlaubt, kraftvolle Schläge zu platzieren, sogar dann, wenn Ihr Gegner vorsichtig ist. Auch bei dieser Kombination kommt es auf eine gute Beinarbeit und Schnelligkeit an, um eine maximale Wirkung zu erzielen.

Sechs-Schläge-Kombination

Die Sechs-Schläge-Kombination ist eine kraftvolle und komplexe Bewegungsabfolge mit sechs schnell hintereinander durchgeführten Schlägen. Diese Technik kann in mehreren Varianten durchgeführt werden. Die häufigste ist eine Kombination aus zwei Jabs, Kreuzschlag und Hakenschlag. Diese Schlagabfolge erfordert ein exzellentes Timing und Präzision, daher ist es wichtig, dass Sie sich beim Üben auf Ihre Technik und Geschwindigkeit konzentrieren. Die Kombination aus sechs Schlägen ist effektiv, um Ihren Gegner zu zermürben und eine Gelegenheit für einen k.o.-Schlag zu finden.

Schläge gegen den Körper

Körpertreffer in die Leber und den Solarplexus.

Während sich viele „Finishing Moves" auf den Kopf Ihres Gegners konzentrieren, können auch Körpertreffer sehr effektiv sein, um einen Knockout zu erzielen. Diese Technik zielt auf den Mittelteil Ihres Gegners ab, insbesondere auf seine Leber. Ein gut platzierter Körpertreffer kann Ihren Gegner effektiv schwächen und ihn auf einen k.o.-Schlag gegen den Kopf vorbereiten. Um einen erfolgreichen

Körpertreffer durchzuführen, zielen Sie auf die Körpermitte Ihres Gegners und setzen Sie Ihr Körpergewicht ein, um Kraft und Wucht hinter Ihrem Schlag zu erzeugen.

Finten und Abfälschen

Finten können Ihren Gegner ablenken

Eine weitere effektive Methode, um den Kampf zu gewinnen, ist die Verwendung von Finten und Täuschungen, um Ihren Gegner abzulenken und zu verwirren. Bei dieser Technik tun Sie so, als würden Sie einen Schlag in eine Richtung durchführen, bevor Sie einen k.o.-Schlag in eine andere Richtung einsetzen. Dies ist eine äußerst effektive Methode, um Ihren Gegner zu überrumpeln und einen erfolgreichen k.o.-Schlag zu landen. Seien Sie jedoch vorsichtig, wenn Sie diese Technik anwenden, denn sie erfordert ein hohes Maß an Können und kann riskant sein.

Tipps für die Suche nach den besten Boxkombinationen

Boxen ist ein faszinierender und anspruchsvoller Sport, der viel Geschick und Ausdauer erfordert. Einer der wichtigsten Aspekte des Boxens ist es, zu lernen, Kombinationen effektiv einzusetzen, um sich einen Vorteil gegenüber Ihrem Gegner zu verschaffen. Gute Boxkombinationen erfordern körperliche Stärke, strategische Planung und eine schnelle Ausführung. In diesem Abschnitt finden Sie ausgezeichnete Tipps, wie Sie die besten Boxkombinationen finden, um Ihre Boxfähigkeiten zu verbessern und den Ring zu dominieren.

Entwickeln Sie ein starkes Fundament

Bevor Sie komplizierte Boxkombinationen üben, müssen Sie eine solide Grundlage schaffen, die Grundtechniken wie Jabs, Crosses, Haken und Uppercuts umfasst. Diese Bewegungen können, wenn sie richtig ausgeführt werden, Ihren Gegner vernichten. Beginnen Sie mit den Grundlagen und üben Sie, bis Sie diese Bewegungen perfekt durchführen können. Gehen Sie dann allmählich zu komplexeren Kombinationen über. Ihre ersten Kombinationen sollten so einfach sein, dass Sie sie ohne Nachdenken durchführen können und sie Ihnen zur zweiten Natur werden.

Studieren Sie Profiboxkämpfe

Das Beobachten von Profiboxkämpfen bietet eine hervorragende Gelegenheit, die besten Kämpfer zu beobachten und von ihnen zu lernen. Wenn Sie sich diese Kämpfe ansehen, notieren Sie sich die Kombinationen, die Ihre Lieblingsboxer verwenden, und versuchen Sie, sie in Ihren Trainingseinheiten nachzumachen. Halten Sie die Videos an und üben Sie die Bewegungen langsam, um ein klares Verständnis dafür zu bekommen, wie Sie sie präzise durchführen können.

Üben Sie mit einem Partner

Das Üben mit einem Partner kann Ihnen helfen, Ihr Können zu verbessern. [19]

Wenn Sie mit einem Partner trainieren, bietet Ihnen dies eine großartige Möglichkeit, Ihre Boxtechnik zu verbessern. Suchen Sie sich jemanden, der bereit ist, bei Ihren Trainingseinheiten mitzumachen und verschiedene Kombinationen zu kreieren. Beginnen Sie mit einfachen Schlägen und fügen Sie nach und nach kompliziertere Bewegungen hinzu, sobald Sie sich dazu bereit fühlen. Die Arbeit mit einem Partner hilft Ihnen, Ihr Timing, Ihre Genauigkeit und Ihre Geschwindigkeit zu verbessern.

Entwickeln Sie Ihren Kampfstil

Ein guter Boxer hat einen einzigartigen Kampfstil. Es braucht Zeit, bis Sie Ihren Boxstil entwickelt haben, aber das Experimentieren mit verschiedenen Kombinationen und Techniken schafft einen persönlichen Stil, der zu Ihren körperlichen Fähigkeiten passt. Das Ausprobieren verschiedener Kombinationen wird Ihnen helfen, die richtigen Bewegungen zu finden, die für Sie im Ring funktionieren. Natürlich ist der beste Weg, Ihren Stil zu finden, das regelmäßige Üben. Verbringen Sie also genügend Zeit damit, die Grundlagen zu beherrschen und neue Kombinationen zu lernen.

Üben Sie, gegen verschiedene Gegner zu kämpfen

Sobald Sie ein paar Kombinationen entwickelt haben, ist es an der Zeit, diese gegen verschiedene Gegner zu testen. Sie werden die Stärken und Schwächen Ihrer Technik erkennen und die notwendigen Anpassungen vornehmen. Die Arbeit mit anderen Gegnern schärft Ihre Reflexe und verschafft Ihnen einen Vorteil im Ring. Je mehr Gegner Sie trainieren, desto höher sind Ihre Erfolgschancen.

Konsistenz ist der Schlüssel

Beständigkeit ist entscheidend für die Entwicklung von Boxfähigkeiten. Sie müssen regelmäßig trainieren, um das Beste aus Ihren Trainingseinheiten herauszuholen. Beständigkeit hilft beim Aufbau eines Muskelgedächtnisses, das für das Durchführen komplexer Techniken von großer Bedeutung ist. Ein großer Teil des Erfolgs im Ring hängt von Übung und Wiederholung ab. Konsequenz wird Ihre Boxfähigkeiten verbessern und Ihnen das Selbstvertrauen geben, im Ring erfolgreich zu sein.

Lassen Sie Ihre Kombinationen einfach

Der Schlüssel zum Erfolg im Ring liegt darin, dass Sie Ihre Kombinationen einfach, aber effektiv lassen. Sie brauchen nicht viele ausgefallene Bewegungen, um einen Kampf zu gewinnen. Alles, was Sie brauchen, sind ein oder zwei kraftvolle Schläge, die landen und Ihren Gegner treffen. Verlassen Sie sich auf die Grundlagen. Das ist viel effektiver, als komplexe Kombinationen durchzuführen, die ohnehin nicht funktionieren. Ein paar gut platzierte Schläge können einen langen Weg zurücklegen und den Unterschied im Ring ausmachen.

Das Meistern von Boxkombinationen erfordert Zeit, Hingabe und Geduld. Denken Sie daran, mit den Grundlagen zu beginnen und sich allmählich an kompliziertere Bewegungen heranzutasten. Das Beobachten von Profiboxkämpfen, die Arbeit mit einem Partner und die Entwicklung Ihres Stils sind Möglichkeiten, Ihre Boxfähigkeiten zu verbessern. Beständigkeit ist entscheidend, und Übung macht den Meister. Bleiben Sie konzentriert, arbeiten Sie weiter hart und Sie werden in kürzester Zeit beeindruckende Kombinationen durchführen können.

Beim Boxen geht es nicht nur um das Werfen von Schlägen, sondern auch darum, diese präzise und genau durchzuführen. Das Beherrschen der grundlegenden Boxkombinationen kann Ihnen dabei helfen, ein geschickterer Kämpfer zu werden. Es ist wichtig, mit den Grundlagen zu beginnen, an Ihrer Form und Technik zu arbeiten und dann zu komplexeren Kombinationen überzugehen. Suchen Sie sich einen guten Boxtrainer, der Sie durch diese Kombinationen führt und Ihre Fähigkeiten nach und nach verbessert. Denken Sie daran: Übung macht den Meister, also trainieren Sie weiter und bleiben Sie motiviert, um ein besserer Boxer zu werden.

Kapitel 8: „Peek-A-Boo": Sparringgeheimnisse von Profiboxern

Boxen ist ein intensiver Sport, der körperliche Fitness und geistige Beweglichkeit erfordert. Profiboxer sind für ihr Können und ihre Technik bekannt, aber Geheimnisse können Sie und über das Sparring lehren?

Der Schlüssel zum Sieg ist nicht nur die rohe Kraft, sondern Strategie und schnelles Denken. Mit einer gründlichen Vorbereitung und einer entschlossenen Einstellung kann jeder die Sparringsgeheimnisse der Profiboxer selbst lernen und ein Champion werden. Dieses Kapitel bringt Sie auf den Weg zum Erfolg.

In diesem Kapitel werden die Grundlagen des Sparrings erläutert, der richtige Zeitpunkt für den Beginn des Sparrings mit einem Gegner besprochen, die technischen Elemente des Sparrings aufgeschlüsselt und Tipps von Profis gegeben. Von Mike Tysons berühmt-berüchtigtem „Peek-a-boo"-Stil bis hin zu Kopfbewegungen und Beinarbeit - Sie werden gut auf Ihren ersten Kampf vorbereitet sein. Auf dem Weg zur Sparringsparty erfahren Sie dann alles über Sparring.

Die Grundlagen des Sparrings

Sparring kann Ihnen dabei helfen, Ihre Fähigkeiten zu verbessern. [20]

Sparring ist ein fester Bestandteil fast aller Kampfsportarten und bietet Ihnen eine großartige Möglichkeit, Ihre Fähigkeiten zu verbessern. Ob Sie nun Kampfsportarten lernen oder Kickboxen praktizieren, Sparring ist unerlässlich, um ein besserer Kämpfer zu werden. In diesem Abschnitt erfahren Sie alles, was Sie für den Anfang wissen müssen, von den Vorteilen des Sparrings bis hin zu den richtigen Techniken.

Warum Sie Sparring üben sollten

Das Sparring ist ein wesentlicher Bestandteil des Kampfsporttrainings, weil Sie dabei realen Situationen ausgesetzt sind. So können Sie Ihre Taktiken im Kampf gegen einen Gegner üben und lernen, in verschiedenen Situationen zu reagieren. Außerdem hilft Ihnen das Sparring, Ihre Reflexe, Ihr Timing, Ihre Beinarbeit und Ihre Ausdauer zu verbessern. Mit diesen Vorteilen ist Sparring unerlässlich, um ein guter Kämpfer zu werden.

Die verschiedenen Arten des Sparrings

Sparring kann in verschiedene Arten unterteilt werden, wie hart, leicht oder technisch. Hartes Sparring ist die intensivste Form, bei der die Gegner mit voller Kraft kämpfen. Im Gegensatz dazu ist leichtes Sparring weniger schwierig, wobei die Kämpfer nur 30-60% ihrer Kraft einsetzen. Das technische Sparring konzentriert sich schließlich mehr auf die Technik, bei der die Kämpfer bestimmte Bewegungen und Konter üben.

Tipps für Einsteiger

Sparring kann einschüchternd sein, besonders wenn Sie jemandem gegenüberstehen, der mehr Erfahrung hat als Sie. Sie können das Sparring jedoch in eine wertvolle Lernerfahrung verwandeln, wenn Sie die richtige Einstellung haben. Gehen Sie erstens unvoreingenommen an jede Sparringssitzung heran, bereit, zu lernen und sich zu verbessern. Zweitens: Tragen Sie immer die richtige Sicherheitsausrüstung, wie Kopfbedeckung, Handschuhe und Schienbeinschoner. Und schließlich sollten Sie nicht zögern, Ihren Trainer oder Sparringspartner nach jeder Sitzung um Feedback zu bitten, damit Sie die Bereiche identifizieren können, in denen Sie sich verbessern müssen, und Ihre Fortschritte verfolgen können.

Der richtige Zeitpunkt für den Beginn des Sparrings

Sind Sie ein angehender Boxer? Haben Sie nur auf den richtigen Zeitpunkt gewartet, um mit dem Sparring zu beginnen? Sparring ist ein wesentlicher Bestandteil des Boxtrainings, denn es bereitet einen Kämpfer auf Situationen im wirklichen Leben vor. Es kann jedoch schwierig sein, den richtigen Zeitpunkt für den Beginn des Sparrings zu bestimmen. In diesem Abschnitt erfahren Sie, wann es sinnvoll ist, mit dem Sparring zu beginnen und welche Vorteile es mit sich bringt.

Die richtigen Grundlagen schaffen

Vergewissern Sie sich vor dem Sparring, dass Sie die grundlegenden Boxtechniken beherrschen gelernt haben. So sollten Sie zum Beispiel über eine gute Beinarbeit, Balance und Kopfbewegungen verfügen, um den Schlägen Ihres Gegners effektiv auszuweichen. Vergewissern Sie sich außerdem, dass Sie mit der richtigen Körperhaltung vertraut sind und dass Ihre Schläge präzise und robust sind. Wenn Sie diese Grundlagen beherrschen, können Sie sich schützen und vermeiden, sich beim Sparring zu verletzen.

Bauen Sie Ihr Fitnessniveau auf

Vor dem Sparring müssen Sie unbedingt über eine ausreichende Fitness verfügen. Sparring ist eine intensive Form des Trainings, bei der Sie sich einige Runden lang ständig bewegen müssen. Es kann körperlich und geistig anstrengend sein, und Sie müssen Ihre Ausdauer aufbauen, um den Anforderungen des Sparrings gewachsen zu sein. Beginnen Sie daher mit einigen kardiovaskulären Übungen, um Ihre kardiovaskuläre Fitness zu verbessern, z.B. Joggen, Hüpfen oder Radfahren.

Zuversicht ist der Schlüssel

Gesundes Selbstvertrauen vor dem Sparring ist stets von Vorteil. Denken Sie daran, dass Sie einem Gegner gegenüberstehen, der versucht, Sie zu besiegen. Daher ist es wichtig, dass Sie Ihre Techniken sicher beherrschen und mental stark sind. Ihr Trainer kann Sie mental darauf vorbereiten, mit dem Stress und den Ängsten des Sparrings umzugehen. Außerdem wird ein wenig Selbstvertrauen dafür sorgen, dass Sie das Sparring genießen und Ihr Bestes geben können.

Sparring zwischen Gegnern mit ähnlichen Fähigkeiten

Als Anfänger ist Sparring mit Boxern mit ähnlichen Fähigkeiten unerlässlich. Außerdem hilft Ihnen das Sparring mit jemandem, der mehr Erfahrung hat, weil Sie von ihm eine Menge lernen können. Sparring mit jemandem, der über Ihrem Niveau ist, kann jedoch riskant und einschüchternd sein und Ihr Selbstvertrauen beeinträchtigen. Üben Sie daher Sparring mit jemandem auf Ihrem eigenen Niveau und arbeiten Sie sich langsam auf einen anspruchsvolleren Gegner vor.

Vom Sparring lernen

Schließlich bietet Ihnen das Sparring eine Gelegenheit, aus Fehlern zu lernen und Ihre Technik zu verbessern. Beobachten Sie die Bewegungen Ihres Gegners genau und lernen Sie, sie zu kontern. Probieren Sie verschiedene Kombinationen und Methoden aus und testen Sie sie beim Sparring. Ihr Trainer wird Ihnen Feedback zu Ihrer Leistung geben und Verbesserungsvorschläge machen.

Sparring ist ein wesentlicher Bestandteil des Boxtrainings, erfordert aber Vorbereitung und Timing. Vergewissern Sie sich, dass Sie die Grundlagen gelernt, Ihre Fitness aufgebaut, Selbstvertrauen entwickelt, mit ähnlich starken Boxern trainiert und aus den Sparringerfahrungen gelernt haben. Denken Sie daran, dass Sparring mit einer guten Vorbereitung zu einem angenehmen und nützlichen Teil Ihres Trainings wird, der Ihnen dabei helfen wird, Ihre Ziele im Boxen zu erreichen.

Technische Aspekte des Sparrings

Sparring schärft Ihre Techniken, verbessert Ihr Selbstvertrauen und schärft Ihre Reflexe. Die technischen Aspekte des Sparrings machen es effektiv. Wenn Sie die Details kennen, von Ihrer Haltung über Ihren

Blick und Ihre Körperbewegungen bis hin zur Technik, können Sie ein besserer Boxer werden. Lassen Sie uns auf die technischen Aspekte des Sparrings eingehen.

Haltung

Die Haltung, die Sie beim Sparring einnehmen, ist entscheidend. Die richtige Haltung sorgt für ein gutes Gleichgewicht, das für die Aufrechterhaltung der Stabilität beim Sparring unerlässlich ist. Die Haltung hilft Ihnen außerdem dabei, dass Sie sich effizienter bewegen und gleichzeitig Ihre Deckung aufrechterhalten. Es ist wichtig, dass Ihre Füße bei der richtigen Boxhaltung schulterbreit auseinanderstehen, Ihr Kopf und Ihre Schultern entspannt sind und Ihre Knie leicht gebeugt sind.

Beinarbeit

Die Beinarbeit hilft Ihnen dabei, sich schnell und effektiv zu bewegen, um Angriffen auszuweichen und Ihre eigenen Angriffspläne vorzubereiten. Eine gute Beinarbeitstechnik umfasst:

1. Verlagern Sie Ihr Gewicht auf die Fußballen.
2. Verlagern Sie Ihr Gewicht von einem Fuß auf den anderen.
3. Bewegen Sie sich mit kleinen und schnellen Schritten fort.

Schlagtechniken

Das Schlagen ist die wichtigste Technik beim Sparring, und die Beherrschung der Schlagtechniken kann einen großen Unterschied bei Ihrer Fähigkeit zum Sparring ausmachen. Zu einer ausgezeichneten Schlagtechnik gehören die richtige Körperhaltung, das richtige Timing und die richtige Genauigkeit. Konzentrieren Sie sich auf die Kontrolle Ihrer Schläge, Tritte und anderen Kampfbewegungen. Ihre Schlagtechniken sollten schneller und komplexer sein als die Ihres Gegners, um ihn auf Trab zu halten.

Verteidigungstechniken

Die Verteidigung ist ein wesentlicher Aspekt des Sparrings, denn sie hilft Ihnen dabei zu vermeiden, von Ihrem Gegner getroffen zu werden. Es gibt verschiedene Verteidigungstechniken, darunter unter anderem das Blockieren, Ausweichen und Parieren. Eine gute Verteidigung verlangt:

1. Dass Sie Ihre Hände oben halten.
2. Dass Sie Angriffe mit Ihren Armen und Beinen blockieren.
3. Dass Sie Ihre Beinarbeit nutzen, um sich aus der Reichweite zu entfernen.

Wie beim Schlagen ist es wichtig, dass Sie Ihre Verteidigung fest unter Kontrolle haben. Beim Sparring sollten Sie immer dazu bereit sein, sich zu verteidigen.

Zählen und Kombinationstaktiken

Gegenangriffe und Kombinationstechniken helfen Ihnen, beim Sparring die Oberhand zu gewinnen. Die Kombination verschiedener Methoden, wie beispielsweise Schlägen und Tritten, kann Ihren Gegner aus dem Gleichgewicht bringen und Gegenangriffe können die Bewegungen Ihres Gegners strategisch kontern. Zu einer guten Konter- und Kombinationstechnik gehört ein effizientes Timing Ihrer Angriffe und der Einsatz verschiedener Techniken, die genutzt werden können, um Ihren Gegner in die Irre zu führen.

Beim Sparring gibt es viele wichtige technische Aspekte, die es zu beachten gilt, um Ihr Können zu verbessern. Ihre Haltung, Ihre Beinarbeit, Ihre Schlag- und Verteidigungstechniken und Ihre Fähigkeit, Gegenangriffe einzusetzen, sind allesamt wichtig, um zu einem effektiven Sparringspartner zu werden. Indem Sie diese technischen Aspekte entwickeln, werden Sie ein besserer Boxer, gewinnen mehr Selbstvertrauen und holen das Beste aus Ihrem Training heraus.

Expertentipps zur Verbesserung Ihres Sparringkampfes

Jeder, der schon einmal Sparring gemacht hat, weiß, dass es dabei nicht nur um das Austeilen von Schlägen geht. Sie müssen strategisch vorgehen und lernen, sich richtig zu bewegen, um ein Sparringspiel zu gewinnen. Hier sind ein paar Expertentipps, die Ihnen dabei helfen können, Ihr Sparringspiel zu verbessern und Ihren Gegnern einen Schritt voraus zu sein. Vom Peek-a-boo-Stil bis hin zu Timing und Distanzkontrolle - diese Tipps werden Ihnen dabei helfen, ein besserer und effektiverer Kämpfer zu werden.

„Peek-a-Boo"-Stil

Einer der beliebtesten und effektivsten Stile im Boxen ist der sogenannte „Peek-a-Boo"-Stil. Hierbei wird eine hohe Deckung mit wippenden und wechselhaften Bewegungen kombiniert, Taktiken, die diesen Stil kennzeichnen. Wenn Sie Ihre Arme hochhalten, schützen Sie Ihr Gesicht, während Sie sich hin- und herbewegen, so dass es für Ihren Gegner schwieriger ist, Sie zu treffen. Um den „Peek-a-boo"-Stil zu üben, sollten Sie sich darauf konzentrieren, Ihr Kinn unten zu lassen, die Ellbogen nah an den Körper zu bringen und Ihren Oberkörper zu entspannen. Sie können das Ausweichen üben, während Sie Treffer landen, um Ihren Gegner im Ungewissen zu lassen und Möglichkeiten für Gegenangriffe zu schaffen.

Kopfbewegungen und Beinarbeit

Ein weiterer wichtiger Aspekt des Sparrings sind Kopfbewegungen und Beinarbeit. Wenn Sie lernen, Ihren Kopf und Ihre Füße im Einklang zu bewegen, können Sie den Schlägen Ihres Gegners ausweichen und Möglichkeiten für Ihre Angriffe schaffen. Stellen Sie Ihre Füße schulterbreit auseinander und verteilen Sie Ihr Gewicht gleichmäßig, damit Sie sich in jede Richtung bewegen können. Wenn Sie Ihren Kopf von einer Seite zur anderen bewegen, können Sie Schlägen ausweichen; wenn Sie sich auf den hinteren Fuß drehen, können Sie sich schnell zur Seite bewegen und der Gefahr entkommen.

Zeitmessung und Abstandskontrolle

Timing und Distanzkontrolle sind bei jedem Sparringkampf entscheidend. Die Kontrolle des Abstands zwischen Ihnen und Ihrem Gegner ist essenziell. Wenn es Ihnen gelingt, die Bewegungen Ihres Gegners vorauszuahnen, indem Sie seine Bewegungsmuster analysieren, können Sie Ihr Timing verbessern. Üben Sie, schnell auf die Bewegungen zu reagieren, indem Sie Schattenboxbewegungen machen oder gemeinsam mit einem Partner üben.

Um die Distanz zu kontrollieren, sollten Sie sich schnell in und aus der Reichweite des Gegners bewegen, während Sie Ihren Gegner am Ende Ihres Kampffeldes halten. Nutzen Sie die Beinarbeit, um sich in und aus der Reichweite des Gegners zu bewegen, und lernen Sie, aus der Bewegung heraus Treffer zu landen. Je mehr Kontrolle Sie über die Distanz zum Gegner haben, desto besser werden Ihre Sparringfähigkeiten.

Mentale Vorbereitung

Beim Sparring geht es nicht nur um körperliche Stärke und Technik, sondern auch um mentale Vorbereitung. Wenn Sie für einen Sparringkampf mit einer klaren und konzentrierten Einstellung antreten, bleiben Sie ruhig und treffen bessere Entscheidungen. Lernen Sie, tief zu atmen und sich auf die Aufgabe zu konzentrieren. Lassen Sie sich nicht von Ihren Emotionen leiten, sondern nutzen Sie sie, um Ihre Bewegungen zu unterstützen und sich zu motivieren.

Konsequentes Training

Regelmäßiges Training ist entscheidend, um ein besserer Kämpfer zu werden und das nötige Selbstvertrauen zu gewinnen, um eine Disziplin zu meistern. Suchen Sie sich einen Sparringpartner, dem Sie vertrauen können, und trainieren Sie regelmäßig mit ihm. Achten Sie auch auf Ihre Taktik, konzentrieren Sie sich auf die richtige Form und holen Sie sich Feedback von Ihrem Trainer. Je mehr Sie üben, desto besser werden Sie als Boxer.

Reflexe schärfen

Gute Reflexe sind für ein erfolgreiches Sparringtraining unerlässlich. Als Boxer müssen Sie offensive und defensive Reaktionen haben. Je reflexiver Sie sind, desto besser werden Sie als Boxer. Sie können Ihre Reflexe verbessern, indem Sie Übungen machen, die schnelle Reaktionen auf Schläge oder Bewegungen Ihres Gegners erfordern. Betrachten Sie Sparring als eine Möglichkeit, um zu üben und Ihre Grenzen in einer sicheren Umgebung zu testen. Es geht nicht um Sieg oder Niederlage, sondern darum, zu lernen und sich als Boxer weiterzuentwickeln.

Auf die Plätze, fertig, Spar! Vorbereitungen für Ihr erstes Sparringtraining

Wenn Sie zu Ihrem ersten Sparringkampf in den Ring steigen, kann das oft einschüchternd sein. Sie haben es mit einem Gegner zu tun, der aktiv versucht, Sie mit seinen Schlägen zu treffen. Das kann nervenaufreibend sein. Aber mit der richtigen Vorbereitung können Sie Ihren ersten Sparringkampf selbstbewusst angehen. Ob es nun Ihr erstes oder Ihr hundertstes Kampf ist, ausreichend Übung ist entscheidend. Im Folgenden finden Sie einige Tipps und Richtlinien, die Ihnen dabei helfen, sich auf Ihren ersten Sparringkampf vorzubereiten.

Vorbereitung

Ausreichendes Training ist die Grundlage für jeden erfolgreichen Sparringkampf. Bevor Sie also in den Ring steigen, sollten Sie regelmäßig Übungen machen, die Ihre Ausdauer, Kraft, Beweglichkeit und Ihr Gleichgewicht trainieren. Ihr Training sollte Schattenboxen, Sandsacktraining und Partnerübungen umfassen. All dies wird Ihnen später helfen, Ihre Technik und Reaktionszeit zu verbessern.

Sicherheitsausrüstung

Sicherheit sollte für Sie beim Training an erster Stelle stehen. Investieren Sie in hochwertige Schutzausrüstung, um Ihren Kopf, Ihren Mund und Ihre Hände zu schützen. Wenn Sie Kickboxen machen, sollten Sie auch eine Schutzausrüstung für Ihre Schienbeine und Füße haben. Achten Sie darauf, dass Sie Ihre Ausrüstung sauber und in gutem Zustand halten und ersetzen Sie sie bei Bedarf.

Kennen Sie die Regeln

Verschiedene Kampfsportarten haben spezifische Regeln für Sparringkämpfe. Stellen Sie also sicher, dass Sie wissen, was Sie erwartet, bevor Sie den Ring betreten. Machen Sie sich zum Beispiel mit dem Punktesystem, der Kampfdauer und den erlaubten Schlägen vertraut. Sie sollten auch wissen, welche Schutzausrüstung Sie tragen müssen. Dieses Wissen wird Ihnen dabei helfen, ein sicheres und angenehmes Sparringerlebnis zu haben.

Achten Sie auf Ihren Gegner

Ihr Gegner kann Sie das Kämpfen am besten lehren, also achten Sie darauf, wie er sich im Ring bewegt und lernen Sie von seinen Taktiken. Respektieren Sie die physischen und emotionalen Grenzen Ihres Gegners und seien Sie stets höflich. Nutzen Sie den Sparringkampf als Gelegenheit, eine Beziehung zu Ihrem Gegner aufzubauen, denn er kann Ihnen wertvolles Feedback und konstruktive Kritik geben.

Konzentration auf die Beinarbeit

Die Beinarbeit wird beim Training oft übersehen, ist aber für einen erfolgreichen Sparringkampf entscheidend. Schließlich hilft Ihnen Ihre Beinarbeit, eingehenden Schlägen auszuweichen, das Gleichgewicht zu halten und Ihre Gegenangriffe vorzubereiten. Nehmen Sie also Übungen zur Beinarbeit in Ihre Trainingsroutine auf und üben Sie, sich in und aus der Reichweite des Gegners zu bewegen.

Meistern Sie Ihre Schläge

Ihre Schläge sind Ihre stärksten Waffen im Ring. Sie müssen üben, verschiedene Schläge mit der richtigen Technik zu platzieren. Achten Sie auf Ihre Technik und Kraft. Sie sollten sicherstellen, dass Sie präzise und kraftvolle Schläge durchführen und gleichzeitig Ihre Körperbewegungen kontrollieren können. Testen Sie Ihre Jabs, Kreuzschläge, Hakenschläge und Uppercuts in Sparringkämpfen, um zu sehen, wie sie Ihren Gegner beeinflussen.

Wählen Sie Ihre Gegner mit Bedacht

Beim Sparringtraining ist die Auswahl des richtigen Partners entscheidend. Sie brauchen jemanden, der Sie herausfordert und Ihnen dabei hilft, Ihre Fähigkeiten auf die nächste Stufe zu bringen. Wenn Sie Anfänger sind, ist es vielleicht am besten, mit jemandem zusammenzuarbeiten, der ähnlich viel Erfahrung hat wie Sie. Wenn Sie erfahrener sind, suchen Sie sich jemanden, der Sie herausfordern und Ihnen dabei helfen kann, Ihre Technik zu verfeinern. Bitten Sie Ihren Trainer um Rat, wenn Sie Hilfe bei der Auswahl eines Partners benötigen.

Achten Sie auf eine selbstbewusste Körperhaltung

Ihre Einstellung ist für den Sparringkampf genauso wichtig wie Ihre körperliche Vorbereitung. Bevor Sie in den Ring steigen, sollten Sie sich auf positive Gedanken konzentrieren und sich Ihren Erfolg vorstellen. Treten Sie selbstbewusst auf und erinnern Sie sich daran, warum Sie sich überhaupt für den Sport begeistern. Haben Sie Spaß, bleiben Sie entspannt und verlassen Sie sich auf Ihr Training und Ihre Instinkte.

Visualisieren Sie den Erfolg

Die Visualisierung ist für Sportler ein mächtiges Werkzeug und kann Ihnen dabei helfen, sich auf die Strapazen Ihres ersten Sparringkampfes vorzubereiten. Verbringen Sie Zeit damit, sich genau vorzustellen, wie Sie Ihre Strategie erfolgreich einsetzen, den Angriffen Ihres Gegners ausweichen und als Sieger aus dem Kampf hervorgehen. Bleiben Sie positiv, glauben Sie an sich selbst und denken Sie daran, dass Sparring eine sowohl mentale als auch körperliche Herausforderung ist.

Das Sparring kann eine herausfordernde und lohnende Erfahrung sein, und es ist ganz natürlich, dass Sie vor Ihrem ersten Kampf nervös sind. Aber mit der richtigen Einstellung und Vorbereitung können Sie Ihren Sparringkampf selbstbewusst angehen. Konzentrieren Sie sich auf Ihr Training, investieren Sie in Sicherheitsausrüstung, machen Sie sich mit den Regeln vertraut, legen Sie Wert auf Ihre Beinarbeit und bleiben Sie positiv. Wenn Sie diese Tipps befolgen, sind Sie auf dem besten Weg zum Erfolg im Ring. Viel Spaß beim Sparring.

Kapitel 9: Training mit dem schweren Boxsack

Es ist kein Geheimnis, dass Boxen ein intensiver Sport ist, der die körperliche und geistige Belastbarkeit der Kämpfer herausfordert. Aber haben Sie schon einmal versucht, gegen den schweren Sandsack zu schlagen, um Ihr Fitnesstraining auf die nächste Stufe zu bringen? Dieser Workouttipp wird Sie dazu bringen, jedes Quäntchen Kraft, das Sie besitzen, zu entfesseln. Beim hochintensiven Training werden Schläge und Tritte auf den schweren Sandsack rhythmisch und kontinuierlich durchgeführt. Derartige Übungseinheiten beanspruchen viele Muskeln und zwingen Sie dazu, Ihre Körpermitte, Beine, Arme und Schultern zu trainieren.

Wenn Sie die Bewegungen richtig beherrschen, werden Sie sich wie ein Champion fühlen, wenn Sie gegen den Sandsack schlagen und treten und alles auf der Matte liegen lassen. In diesem Kapitel erfahren Sie, welche Vorteile das Training mit einem schweren Sandsack hat, welche Materialien Sie für den Anfang benötigen und welche Übungen Ihnen dabei helfen können, Ihre Technik zu perfektionieren. Also, schnappen Sie sich Ihre Handschuhe, setzen Sie Ihr Pokerface auf und beginnen Sie, mit dem Sandsack zu trainieren. Es ist an der Zeit, dass Sie Ihre Kraft entfesseln.

Mit dem Boxsack zur Fitness: Vorteile des Trainings mit einem schweren Sandsack

Ein schwerer Sandsack kann Ihnen dabei helfen, Ihre Koordination und Ihr Gleichgewicht zu verbessern. [21]

Das Boxtraining ist nicht nur ein Mittel zur Selbstverteidigung, sondern auch ein außergewöhnliches Ganzkörpertrainingsprogramm. Das Training mit einem schweren Boxsack bietet Ihnen eine großartige Möglichkeit, um fit zu werden, Ihre Kraft und Ausdauer aufzubauen und die allgemeine Koordination und das Gleichgewicht zu verbessern. Wenn Sie also Ihre Fitnessroutine verbessern wollen, sollten Sie die Vorteile des Trainings mit einem schweren Boxsack besser kennenlernen.

Ganzkörper-Workout

Das Boxen am Sandsack ist eine großartige Methode, um überflüssige Pfunde loszuwerden und eine schlanke und straffe Figur zu erreichen. Die Schlag-, Tritt- und Ausweichbewegungen beanspruchen Ihren gesamten Körper und aktivieren mehrere Muskelgruppen. Außerdem zwingen Sie Ihren Körper durch die hochintensiven Kombinationen dazu, viel Energie zu verbrauchen und Kalorien zu verbrennen. Führen Sie verschiedene Schläge und Bewegungen durch und denken Sie daran, Ihre Körpermitte während der gesamten Übung anzuspannen, um das Beste aus Ihrem Workout herauszuholen.

Verbessern Sie Ihre kardiovaskuläre Ausdauer

Das Boxsacktraining eignet sich hervorragend, um Ihre kardiovaskuläre Ausdauer zu verbessern. Die ständige Bewegung Ihres Körpers bei den verschiedenen Schlagkombinationen stellt eine große Herausforderung für Ihr Herz und Ihre Lunge dar. Die erhöhte Herzfrequenz während des Trainings trägt dazu bei, dass Sie Ihre Ausdauer, Ihre Kondition und Ihre kardiovaskuläre Gesundheit verbessern. Wenn Sie die Intensität des Trainings allmählich steigern und ein hochintensives Intervalltraining (HIIT) in Ihre Trainingsroutine einbauen, können Sie ein optimales Fitnesslevel erreichen.

Gesteigerte Stärke und Kraft

Das Gewicht des Boxsacks liegt zwischen 32 und 45 Kilo, was bedeutet, dass Sie Ihre Ober- und Unterkörpermuskeln beanspruchen und darauf hinarbeiten, stärkere Schläge, Tritte und eine höhere allgemeine Kraft zu entwickeln. Außerdem hilft Ihnen das Widerstandstraining beim Sandsackboxen und dabei, Muskeln aufzubauen und Ihre allgemeine Kraft zu steigern. Dieses Training kann besonders für Sportler wie Ringer und Fußballspieler von Vorteil sein, da es ihre Kraft, Geschwindigkeit und Explosivität verbessert.

Verbesserte Beinarbeit und Balance

Ihre Beinarbeit und Ihr Gleichgewicht sind beim Boxen entscheidend. Ohne gute Beinarbeit und ein gutes Gleichgewicht riskieren Sie, die Kontrolle über Ihre Schläge zu verlieren, wodurch Sie anfälliger für Angriffe werden. Durch das Training mit einem schweren Boxsack lernen Sie verschiedene Techniken der Beinarbeit, verbessern Ihr Gleichgewicht und verstehen besser, wie Sie Ihr Gewicht während der Boxkombinationen verlagern können. Wenn Sie außerdem Schattenboxen und seitliche Bewegungen in Ihr Training mit einbeziehen, verbessern Sie Ihre Beinarbeit und Ihr Gleichgewicht insgesamt.

Verbessern Sie Genauigkeit und Timing

Beim Sandsackboxen können Sie an Ihrer Genauigkeit arbeiten, indem Sie Ihre Schläge auf bestimmte Teile des Sandsacks fokussieren. Dieses Trainingsprogramm verbessert Ihr Timing und Ihre Reaktionsschnelligkeit, indem es Sparringbedingungen nachahmt. Das Durchführen von schnellen und präzisen Kombinationen verbessert die Hand-Augen-Koordination und macht es Ihnen leichter, schneller auf Schläge zu reagieren.

Aufwärmübungen

Das Boxen ist eine der intensivsten und körperlich anspruchsvollsten Sportarten. Es erfordert Kraft und Ausdauer sowie die richtige Technik und Form. Bevor Sie mit dem Training mit einem schweren Boxsack beginnen, müssen Sie daher Aufwärmübungen machen, um Ihren Körper auf die Strapazen des Trainings vorzubereiten. In diesem Abschnitt werden die Vorteile von Aufwärmübungen vor dem Training erörtert und fünf Aktivitäten vorgestellt, die Ihren Körper auf ein intensives Boxtraining vorbereiten können.

Hampelmann

Der Hampelman oder sogenannte „Jumping Jacks" sind eine klassische Aufwärmübung, und das aus gutem Grund - es handelt sich um eine effiziente Möglichkeit, Ihre Herzfrequenz zu erhöhen und die Durchblutung anzuregen. Beginnen mit beiden Füßen nebeneinander und mit den Armen an Ihren Seiten. Springen Sie dann in die Luft, spreizen Sie die Beine und heben Sie die Arme zur Seite hoch, bis Sie Ihre Hände über Ihrem Kopf zusammengebracht haben. Kehren Sie anschließend in die Ausgangsposition zurück und wiederholen Sie die Übung. Führen Sie diese Übung etwa eine Minute lang durch oder bis Ihre Herzfrequenz hoch genug ist.

Hohe Knie

Hohe Knie sind eine weitere Aufwärmübung, die dazu dient, Ihre Herzfrequenz und Ihren Blutkreislauf zu steigern. Stellen Sie sich mit den Füßen hüftbreit auseinander. Heben Sie dann Ihr rechtes Bein und bringen Sie Ihr Knie zur Brust. Während Sie das rechte Bein absenken, heben Sie das linke Bein auf die gleiche Weise und wechseln die Beine schnell miteinander ab. Machen Sie dies etwa eine Minute lang oder bis Sie sich aufgewärmt fühlen.

Armkreise

Armkreise bereiten Ihren Oberkörper auf das Workout vor. Stellen Sie sich mit den Füßen schulterbreit auseinander und strecken Sie die Arme seitlich aus, bis sie sich parallel zum Boden befinden. Machen Sie mit Ihren Armen kleine Kreise und steigern Sie die Größe der Kreise allmählich, bis Sie mit Ihrem gesamten Arm große Kreise machen. Nachdem Sie dies mehrfach in eine Richtung gemacht haben, kehren Sie die Richtung um und wiederholen Sie die Übung auf der anderen Seite. Machen Sie dies etwa 30 Sekunden lang in jede Richtung weiter.

Beinschwünge

Beinschwünge sind eine hervorragende Aufwärmübung. Stellen Sie sich neben eine Wand oder eine Stange, um Ihr Gleichgewicht zu halten. Schwingen Sie dann Ihr rechtes Bein so weit wie möglich nach vorne und hinten, während Sie Ihren Oberkörper ruhig halten. Nachdem Sie einen Satz mit einem Bein absolviert haben, wiederholen Sie die Bewegungen mit dem anderen Bein. Machen Sie dies mit jedem Bein etwa zehn Schwünge lang.

Dynamische Dehnung

Dynamische Dehnübungen beinhalten Bewegungen mit kontrolliertem Schwung, die gleichzeitig den Bewegungsumfang und die Flexibilität verbessern sollen. Beginnen Sie mit einem Ausfallschritt und gehen Sie zu einer Dehnung der Kniesehne über, indem Sie Ihr vorderes Bein strecken und sich dabei nach vorne lehnen. Kehren Sie dann in die Ausfallschrittposition zurück und gehen Sie zu einer Oberschenkeldehnung über, indem Sie das hintere Bein beugen und die Ferse zum Gesäß führen. Wiederholen Sie diese Bewegung für 5-10 Wiederholungen, bevor Sie die Beine wechseln.

Das Training mit einem schweren Boxsack ist sehr vorteilhaft für Ihre allgemeine Fitness, aber es stellt auch eine große Belastung für Ihren Körper dar, wenn Sie es nicht richtig machen. Wenn Sie diese Aufwärmübungen zu Ihrer Boxroutine hinzufügen, verringern Sie das Verletzungsrisiko und steigern Ihre Leistung. Wärmen Sie sich immer vor dem Training auf und machen Sie es zu einem regelmäßigen Bestandteil Ihrer Routine, um sicherzustellen, dass Sie das Beste aus Ihrem Training herausholen.

Grundlegende Übungen für den schweren Sandsack: Die Bausteine des Boxens

Beim Boxen geht es nicht nur darum, hart zuzuschlagen und Ihren Gegner auszuknocken - es handelt sich vor allem um eine Fähigkeit, die Disziplin und konsequentes Training erfordert. Eine der besten Möglichkeiten, um Ihre Boxfähigkeiten zu verbessern, besteht darin, regelmäßige Übungen am schweren Sandsack in Ihre Übungsroutine miteinzubauen. Übungen am schweren Sandsack helfen Boxern aller Leistungsstufen dabei, ihre Ausdauer zu steigern, ihre Technik zu verbessern und ihre Kraft zu erhöhen. In diesem Abschnitt werden die grundlegenden Übungen am schweren Sandsack besprochen, die jeder Boxer beherrschen sollte.

Jabs und Kreuzschläge

Der Jab ist ein grundlegender Schlag beim Boxen. Er ist effizient und bereitet andere Schläge vor. Um eine grundlegende Übung mit dem Jab am Sandsack durchzuführen, müssen Sie Folgendes beachten:

1. Stellen Sie sich zunächst mit schulterbreit auseinanderstehenden Füßen vor den Sack, wobei Ihr dominanter Fuß leicht hinter dem anderen stehen sollte.
2. Legen Sie Ihre führende Hand in die Nähe des Sacks und strecken Sie Ihren Arm aus, um einen schnellen, zügigen Schlag durchzuführen.
3. Treten Sie nach dem Jab einen Schritt zurück und versetzen Sie dem Sandsack einen Kreuzschlag.

Der Kreuzschlag ist ein gerader Schlag, der mit Ihrer dominanten Hand durchgeführt wird und der auf den Jab folgt. Jab-Kreuzschlagskombinationen auf dem Sandsack eignen sich hervorragend zum Aufwärmen und Perfektionieren der Techniken.

Uppercuts und Hakenschläge

Aufwärtshaken und Hakenschläge sind Schläge, die aus nächster Nähe eingesetzt werden sollten. Stellen Sie sich zunächst mit leicht gebeugten Knien nahe an den Sandsack, um eine Übung mit Uppercuts und Hakenschlägen durchzuführen. Beugen Sie dann Ihren Arm und nutzen Sie Ihr Körpergewicht, um den Schlag nach oben in Richtung Sandsack zu initiieren. Hakenschläge nutzen hingegen die Rotationskraft Ihres Körpers, um einen Schlag von der Seite auf den Sandsack auszuüben. Übungen mit Hakenschlägen am Sandsack sind ideal geeignet, um an der Körpermechanik zu arbeiten. Üben Sie auf beiden Seiten, um sicherzustellen, dass Sie in beiden Armen die gleiche Menge an Kraft haben.

Ganzkörper Übungskombinationen

Ganzkörper Übungskombinationen gehören zu den Basisbestandteilen des Boxtrainings. Diese Kombinationen trainieren den gesamten Körper und bringen den Boxer dazu, sich um den Sandsack herum zu bewegen. Diese Übungen am Sandsack umfassen Bewegungen wie Jabs auf den Körper, Hakenschläge auf den Körper und Kreuzschläge auf den Körper, die auf den Torso des Gegners abzielen. Mischen und kombinieren Sie diese Kombinationen, um sich endlose Übungen zur Verbesserung Ihrer Boxfähigkeiten zu erarbeiten.

Übungen zur Verbesserung der Beinarbeit

Übungen zur Verbesserung der Beinarbeit fördern Geschwindigkeit, Beweglichkeit und Balance. Die „Schritt und Drehung"-Übung ist für Anfänger besonders gut geeignet. Bringen Sie Ihren Körper in Grundstellung, machen Sie einen kleinen Schritt mit dem vorderen Fuß und drehen Sie sich dann auf den Fußballen, um Ihren Körper zu rotieren. Wiederholen Sie die Übung, indem Sie einen Schlag oder eine Kombination folgen lassen. Diese Übung hilft bei der Stabilität und fördert das Gleichgewicht.

„Fill the bag"- Übungen

Bei „Fill the bag"-Übungen setzen Sie den gesamten Ober- und Unterkörper ein, um den Sandsack so hart wie möglich zu treffen. Beginnen Sie die „Fill-the-Bag"-Übung mit einer Runde von Schlagkombinationen. Lassen Sie dann eine Reihe von aggressiven Jabs, Kreuzschlägen, Uppercuts und Hakenschlägen folgen. Diese Übung stärkt das Selbstvertrauen und bietet Ihnen eine großartige Möglichkeit, sich selbst herauszufordern und Ihr Energieniveau hoch zu halten.

Kommen Sie ins Schwitzen: Eine Einführung für Übungen am Boxsack

Das Training am Boxsack bietet Ihnen nicht nur eine großartige Möglichkeit, um Stress abzubauen und aufgestaute Frustrationen loszuwerden, sondern das Training mit einem schweren Sandsack gibt Ihnen auch eine fantastische Möglichkeit, um Ihre körperliche Gesundheit zu verbessern. Professionelle Boxer und MMA-Kämpfer nutzen das Training mit dem schweren Sandsack, um ihre Stärke, Kraft und Ausdauer zu verbessern. Aber lassen Sie sich davon nicht einschüchtern. In diesem Kapitel finden Sie einfache Übungen, die Sie für großartige Trainingseinheiten mit dem schweren Boxsack befolgen können:

Runden 1-3: Grundlegende Schläge

Die ersten drei Runden Ihres Trainings sollten sich auf die Perfektionierung der Grundlagen konzentrieren: Jabs, Kreuzschläge und Hakenschläge. Diese drei Schläge ermöglichen es Ihnen, einen Rhythmus zu finden, ein Gefühl für den Sandsack zu entwickeln und zu prüfen, ob

Sie die gewünschte Wirkung erzielen können. Konzentrieren Sie sich danach auf die richtige Technik. Bewegen Sie sich zum Beispiel aus der Hüfte heraus, rotieren Sie die Schultern und stellen Sie sich Ihr Ziel vor. Das trainiert Ihren Oberkörper und Ihre Rumpfmuskulatur. Jede Runde sollte 1-2 Minuten lang dauern, und Sie müssen ein gleichmäßiges Tempo beibehalten. Denken Sie daran, zwischen den Runden eine Pause von 30 bis 60 Sekunden einzulegen.

Runde 4: Füllen Sie den Sandsack

Jetzt ist es an der Zeit, etwas von dem aufgestauten Frust abzulassen. Konzentrieren Sie sich in dieser Runde darauf, den Sandsack mit so viel Wut und Kraft wie möglich zu treffen. Wenn Sie den Sandsack treffen, sollten Sie gleichzeitig das Tempo erhöhen und die Bewegungskombination einsetzen, an der Sie gerade gearbeitet haben. Halten Sie dies für eine komplette Runde von zwei Minuten durch und machen Sie dann eine Pause von 30 Sekunden. Wiederholen Sie dies zwei bis drei Runden lang und erhalten Sie dabei die gleiche Intensität.

Runde 5: Übungen zur Beinarbeit

In der fünften Runde dreht sich alles um die richtige Beinarbeit. Trainieren Sie zu einer Ihrer Lieblingsmelodien und umrunden Sie den Beutel mit verschiedenen Kombinationen von Schritt-für-Schritt-Bewegungen. Sie können in verschiedenen Richtungen um den Sack herumgehen. Beginnen Sie z.B. mit einem Schritt nach links und beginnen Sie dann, während Sie den Beutel vollständig umrunden, mit der Schlagkombination, die sich nach rechts bewegt. Auch hier haben Sie die Möglichkeit, wichtige Trainingsübungen mit einzubringen, um Ihre Beinarbeit und Kernkraft zu verbessern und gleichzeitig Kalorien zu verbrennen.

Runden 6-8: Körperkombinationen

Konzentrieren Sie sich in diesen drei Runden darauf, den Sandsack mit Schlagkombinationen, die von Ihrem Ober- und Unterkörper ausgehen zu treffen. Die Körperkombinationen sollten in dieser Runde im Vordergrund stehen. Denken Sie daran, dass die Kraft aus Ihren Hüften kommt. Bewegen Sie diese also ständig und wechseln Sie zwischen Schlägen von beiden Seiten des Körpers. Jede Runde sollte zwei Minuten lang dauern, mit einer Minute Pause dazwischen. Diese Trainingsrunden trainieren Ihren gesamten Körper, nicht nur die Arme.

Runden 9-15: Jabs, Kreuzschläge und Hakenschläge

Konzentrieren Sie sich in den letzten Runden auf kurze Energieausbrüche mit hoher Intensität, mit kurzen Pausen zwischen den Runden. Führen Sie eine Reihe von Jabs, Kreuzschlägen und Hakeschlägen an den schweren Sandsäcken durch und behalten Sie dabei den Rhythmus bei, den Sie sich in den ersten drei Runden erarbeitet haben. Geben Sie jeder Kombination ausreichend viel Kraft und spüren Sie die Wirkung jedes Schlags. Wiederholen Sie diese Runden ein-, zwei- oder dreimal und machen Sie zwischen jeder Runde eine 30-sekündige Pause.

Dehnübungen nach einer Trainingseinheit am Sandsack

Wenn Sie schon einmal an einem Kickbox- oder Boxkurs teilgenommen haben, wissen Sie bereits, wie intensiv das Training am Sandsack sein kann. Das Schlagen, das Treten und die Beinarbeit erfordern viel Energie und Anstrengung. Nach einem intensiven Training ist es daher wichtig, dass Sie sich ein paar Minuten Zeit nehmen, um Ihre Muskeln richtig zu dehnen. In diesem Abschnitt werden praktische Dehnübungen beschrieben, mit denen Sie Verletzungen vermeiden und sich von Ihrem Training mit dem schweren Sandsack erholen können.

Waden dehnen

Die Waden gehören zu den Körperbereichen, die sich nach einem intensiven Sandsacktraining steif und schmerzhaft anfühlen können. Stellen Sie sich mit dem Gesicht in Richtung einer Wand, die etwa eine Armlänge von Ihnen entfernt ist, um die Waden richtig zu dehnen. Legen Sie Ihre Handflächen an die Wand und treten Sie mit einem Fuß nach hinten, so dass er flach auf dem Boden steht. Lehnen Sie sich gegen die Wand, bis Sie eine Dehnung in der Wade des hinteren Beins spüren. Halten Sie die Dehnung für 15-30 Sekunden lang durch und wechseln Sie dann das Bein. Wiederholen Sie diese Dehnübung ein paar Mal auf beiden Seiten.

Quadrizeps dehnen

Der Quadrizeps, also der vordere Oberschenkelmuskel, wird bei einem schweren Sandsacktraining ebenfalls stark beansprucht. Stellen Sie sich zunächst mit den Füßen hüftbreit auseinander und beugen Sie ein Knie, wobei Sie die Ferse in Richtung Ihrer Gesäßmuskeln bringen sollten. Fassen Sie dann an Ihren Knöchel und ziehen Sie ihn sanft in Richtung Gesäß, so dass Sie eine Dehnung in Ihrem Quadrizeps spüren. Halten Sie die Dehnung für 15-30 Sekunden lang durch und wechseln Sie dann die Beine. Wiederholen Sie diese Dehnung auf beiden Seiten ein paar Mal.

Gesäßdehnübungen

Die Gesäßmuskeln werden bei einem schweren Sandsacktraining häufig beansprucht. Um diese richtig zu dehnen, sollten Sie Folgendes tun:

1. Legen Sie sich auf den Rücken, beugen Sie die Knie und stellen Sie die Füße flach auf den Boden.
2. Kreuzen Sie den linken Knöchel über das rechte Knie, fassen Sie den rechten Oberschenkel und ziehen Sie das Bein sanft zu Ihrer Brust. Sie sollten eine Dehnung in Ihrem linken Gesäß spüren.
3. Halten Sie die Dehnung für 15-30 Sekunden und wechseln Sie dann die Beine.
4. Wiederholen Sie diese Dehnung ein paar Mal auf beiden Seiten.

Nacken- und Schulterdehnübungen

Verspannungen im Nacken und in den Schultern sind keine Seltenheit, besonders nach einem schweren Sandsacktraining. Setzen oder stellen Sie sich gerade hin und rollen Sie Ihren Kopf langsam von einer Seite zur anderen, wobei Sie Ihr Ohr zur Schulter bringen, um die Spannung im Nacken zu lösen. Lassen Sie sich Zeit und erzwingen Sie die Dehnung nicht. Als Nächstes sollten Sie die Schultern zu den Ohren ziehen, sie einige Sekunden lang hochhalten und sie dann wieder fallenlassen. Wiederholen Sie diese Dehnübungen ein paar Mal.

Yogapositionen

Yogapositionen sind hervorragend geeignet, um Ihren gesamten Körper zu dehnen und die Entspannung nach einem anstrengenden Sandsacktraining zu fördern. Zu den nützlichsten Positionen gehören der „Down Dog" (Herabschauender Hund), die „Child's Pose" (Position des Kindes) und die „Cat-Cow Position" (Katze-Kuh-Position). Konzentrieren Sie sich bei allen Positionen auf Ihren Atem und darauf, Verspannungen in Ihren Muskeln zu lösen.

Wenn Sie sich nach einem Training am Boxsack ein paar Minuten Zeit nehmen, um sich zu dehnen und das Training zu beenden, hat das einen erheblichen positiven Einfluss darauf, wie Sie sich am nächsten Tag fühlen. Indem Sie Waden-, Quadrizeps-, Gesäß-, Nacken- und Schulterdehnübungen sowie Yogapositionen in Ihr Training integrieren, können Sie Verletzungen vorbeugen und die Erholung der Muskeln fördern. Hören Sie immer auf Ihren Körper und überfordern Sie sich beim Dehnen nicht.

Das Training mit dem schweren Boxsack ist hervorragend dazu geeignet, Ihren gesamten Körper zu trainieren und Stress abzubauen. Das Training mag zwar zunächst einschüchternd wirken, aber jetzt, da Sie wissen, was zu tun ist, ist es einfacher denn je, gleich damit anzufangen. Befolgen Sie die oben genannten Tipps, und werden Sie schon bald zum Experten. Denken Sie daran, dass der Schlüssel zum Training mit dem schweren Sandsack in der Technik und der Kraft liegt, also nehmen Sie sich die nötige Zeit, um Ihre Technik zu perfektionieren, und treiben Sie sich selbst immer weiter an. Sie werden bald Ergebnisse und kraftvolle Schläge erzielen.

Kapitel 10: Zwanzig häufige Fehler, die Sie vermeiden sollten (egal ob Sie ein Anfänger sind oder nicht)

Das Boxen ist eine wahre Herausforderung, vor allem, weil man gegen einen Gegner kämpft und oft den Druck verspürt, gewinnen zu müssen. Wie bei jeder Fertigkeit sind Fehler vorrauszusehen, egal ob Sie ein erfahrener Profi oder noch ein Anfänger sind. Fehler können jedoch in Chancen für Wachstum und Verbesserung umgewandelt werden. Der Schlüssel liegt darin, dass Sie aus ihnen lernen, Ihre Technik anpassen und vorankommen. Egal, ob Sie versehentlich Ihre Deckung fallen gelassen oder einen wilden Schlag durchgeführt haben, Sie sollten nicht zu hart zu sich selbst sein. Sehen Sie derartige Situationen stattdessen als Chance, um sich zu verbessern und weiter im Ring zu kämpfen.

In diesem Kapitel werden einige der häufigsten Fehler von Anfängern und sogar fortgeschrittenen Boxern untersucht. Es wird erklärt, was an ihnen falsch ist und wie Sie sie vermeiden oder korrigieren können. Von falscher Atmung bis hin zu vergessenen Pausen werden alle Themen behandelt. Wenn Sie sich beim Boxen wirklich verbessern wollen, sollten Sie diese Fehler unbedingt vermeiden. Die besten Kämpfer lernen aus ihren Fehlern und bemühen sich, sich ständig zu verbessern.

Häufige Fehler, die Anfänger beim Boxen machen

Es erfordert viel Mühe und Zeit, die erforderlichen Fähigkeiten und Boxtechniken beherrschen zu lernen. Als Anfänger müssen Sie jedoch häufige Fehler vermeiden, die Ihr Training und Ihren Fortschritt beeinträchtigen könnten. Dieser Abschnitt erklärt häufige Fehler, die Anfänger beim Boxen machen, betont warum diese falsch sind und wie Sie sie vermeiden und korrigieren können.

Nicht ordnungsgemäßes Aufwärmen

Das Aufwärmen ist für jede Sportart wichtig. [22]

Das Aufwärmen ist bei jeder Sportart sehr wichtig, und auch das Boxen ist keine Ausnahme. Manche Boxanfänger schenken ihm jedoch nicht die Aufmerksamkeit, die es verdient. Das richtige Aufwärmen bereitet Ihren Körper und Geist auf das bevorstehende intensive Training vor und beugt Verletzungen vor. Wenn Sie das Aufwärmen auslassen, kann dies zu Muskelzerrungen und Muskelkater führen, was Ihren Fortschritt verzögern oder sogar Ihre Karriere beenden kann.

Verbringen Sie 10-15 Minuten mit dem Aufwärmen, bevor Sie mit dem Training beginnen, um diesen Fehler zu vermeiden. Ein adäquates Aufwärmtraining sollte Herz-Kreislauf-Übungen (Hampelmänner oder

Seilspringen), Übungen zur Mobilisierung der Gelenke (Beinschwingen oder Armkreisen) und dynamische Dehnübungen (wie Ausfallschritte oder Kniebeugen) umfassen. Achten Sie darauf, das Training mit Dehnübungen zu beenden, damit sich Ihr Körper erholen kann und kein Muskelkater entsteht.

Die falsche Technik einsetzen

Die richtige Technik ist beim Boxen entscheidend. Wenn Sie falsch vorgehen, steigt das Risiko, dass Sie sich selbst oder Ihren Gegner verletzen. Leider vernachlässigen viele Boxanfänger die richtige Technik, weil sie denken, diese sei unwichtig. Dabei ist sie die Grundlage für alles, was Sie beim Boxen tun. Lernen Sie die richtige Technik für jeden Schlag, um diesen Fehler zu vermeiden. Arbeiten Sie zunächst an den Grundlagen wie etwa Beinarbeit, Standposition und Kopfbewegungen, bevor Sie zu den fortgeschrittenen Techniken übergehen. Üben Sie dann jeden Schlag sorgfältig und achten Sie dabei auf die richtige Form und die richtigen Bewegungen. Ziehen Sie außerdem in Erwägung, einen Trainer oder Mentor zu engagieren, der Sie durch die technischen Aspekte des Boxens coachen kann.

Die falschen Nahrungsmittel zu sich nehmen

Boxen erfordert viel Energie und Ausdauer, also müssen Sie Ihren Körper richtig versorgen. Manche Boxanfänger achten jedoch nicht genug auf ihre Ernährung, weil sie denken, das sei unnötig. Das ist falsch. Der Verzehr der richtigen Lebensmittel wird sich erheblich auf Ihre Leistung und Ihren Fortschritt auswirken.

Um diesen Fehler zu vermeiden, gehen Sie wie folgt vor:

1. Achten Sie auf eine ausgewogene und gesunde Ernährung, die Kohlenhydrate, Proteine und Fette enthält.
2. Essen Sie außerdem viel Obst und Gemüse, da Ihnen dies wichtige Vitamine und Mineralien liefet.
3. Vermeiden Sie den Verzehr von Junkfood und industriell verarbeiteten Lebensmitteln, da diese Ihrem Körper schaden und sich negativ auf Ihre Leistung auswirken können.
4. Trinken Sie ausreichend Wasser, um Ihren Körper stets hydriert zu halten.

Die Bewegungen Ihres Gegners nicht richtig vorhersehen

Beim Boxen müssen Sie die Bewegungen Ihres Gegners vorhersehen, um sie erfolgreich zu kontern. Leider bedenken viele Boxanfänger dies nicht, so dass sie für Angriffe anfälliger sind. Die meisten Gegner sind jedoch erfahren, so dass sie etwaige mangelnde Vorbereitung spüren und ausnutzen können.

Um diesen Fehler zu vermeiden, gehen Sie wie folgt vor:
1. Bleiben Sie auf Zack und achten Sie auf die Körpersprache Ihres Gegners.
2. Lernen Sie, dessen Bewegungen zu interpretieren, um vorherzusagen, was er als Nächstes tun wird.
3. Üben Sie Schlagabwehrübungen mit einem Partner, um gute Reflexe und Antizipationsfähigkeiten zu entwickeln.

Nichtbeachtung der 3-Sekunden-Regel

Die 3-Sekunden-Regel ist eine klassische Boxstrategie, die es schon seit vielen Jahren gibt. Sie besagt, dass Sie sich nach einem Schlag 3 Sekunden Zeit nehmen sollten, um nachzudenken und Ihren nächsten Schritt zu planen. Diese Regel ist wichtig, denn sie ermöglicht es Ihnen, die Situation einzuschätzen, eine Strategie zu entwickeln und diese umzusetzen. Leider halten sich einige Boxanfänger nicht an diese Regel, was zu übereilten und unüberlegten Entscheidungen führen kann.

Um diesen Fehler zu vermeiden, gehen Sie wie folgt vor:
1. Nehmen Sie sich ein paar Sekunden Zeit zum Nachdenken, bevor Sie handeln.
2. Konzentrieren Sie sich auf Ihre Atmung und klären Sie Ihren Geist.
3. Analysieren Sie die Situation und entscheiden Sie sich dann überlegt über den nächsten Schritt.

Üben Sie diese Regel am besten gemeinsam mit einem Partner, damit Sie ein besseres Gefühl für das richtige Timing entwickeln können.

Nicht an der Beinarbeit arbeiten

Die Beinarbeit ist entscheidend für einen erfolgreichen Boxer. Leider vernachlässigen viele Anfänger diesen Aspekt ihres Trainings und leiden später unter den Folgen. Eine gute Beinarbeit ermöglicht es den Kämpfern, sich effizient im Ring zu bewegen, Schlägen auszuweichen und ihre eigenen zu landen. Daher sollten sich Boxanfänger darauf konzentrieren, Übungen zur Beinarbeit in ihre Trainingsroutine einzubauen, um ihre Beweglichkeit, Koordination und Balance zu verbessern.

Keine Konzentration auf die Verteidigung

Die Verteidigung ist beim Boxen genauso wichtig wie die Offensive. Leider konzentrieren sich viele Anfänger nur darauf, Schläge zu landen, anstatt sich abzusichern, wodurch sie den Angriffen ihres Gegners schutzlos ausgeliefert sind. Eine gute Verteidigung ermöglicht es einem Boxer, Angriffe zu blockieren, auszuweichen, sich zu ducken, um Schlägen auszuweichen und einen effektiven Gegenangriff zu starten. Boxanfänger sollten Verteidigungsübungen mit in ihr Trainingsprogramm einbauen, um diese Fähigkeiten zu verbessern. Dazu gehören auch das Abwehren von Schlägen, das Ausweichen und das Bewegen des Kopfes.

Falsche Atmung

Boxer müssen lernen, während des Trainings und der Kämpfe richtig zu atmen. Viele Anfänger kontrollieren ihre Atmung nicht adäquat. Dadurch verlieren sie Energie und die Sauerstoffzufuhr zu ihren Muskeln, was zu Erschöpfung und einer entsprechend schlechteren Leistung führt. Boxer müssen lernen, tief durchzuatmen und ihre Atmung während des Trainings zu regulieren, um ihre Ausdauer und Kondition zu verbessern.

Kein Fokus auf Kraft und Kondition

Boxer erfordern ein hohes Maß an Kraft und Kondition, um erfolgreich zu sein. Leider konzentrieren sich viele Anfänger mehr auf die Boxübungen und vernachlässigen ihr allgemeines Kraft- und Konditionstraining. Der Aufbau und die Aufrechterhaltung von Kraft und Kondition durch Krafttraining, Cardio-Übungen und andere Konditionierungsübungen machen jeden Boxer im Ring effektiver. Die Kombination von Kraft- und Konditionsübungen verbessert die Leistung und erhöht Ihr Niveau.

Nicht genug Dehnung

Das Dehnen vor dem Training ist wichtig, um Verletzungen vorzubeugen und die Flexibilität und den Bewegungsumfang zu erhöhen. Leider lassen einige Boxanfänger das Dehnen ausfallen oder arbeiten nur minimal an ihrer Beweglichkeit. Wenn Sie sich nicht ausreichend dehnen, kann dies zu Muskelzerrungen und -rissen führen und Ihren Trainingsfortschritt dadurch erheblich beeinträchtigen. Planen Sie vor jeder Trainingseinheit ausreichend Zeit zum Dehnen ein, um derartige Fehler zu vermeiden. Beginnen Sie mit einfachen Dehnübungen, wie Nackenrotation, Armkreisen und Rumpfrotationen. Arbeiten Sie sich dann allmählich an fortgeschrittenere Dehnungen wie Spagat, Rückenbeugen und Hüftöffner heran.

Nicht ausreichend hydriert bleiben

Boxen ist ein hochintensiver Sport, bei dem Sie stark schwitzen, was schnell zu Dehydrierung führt, wenn Sie die verlorene Flüssigkeit nicht wieder auffüllen. Wenn Sie nicht ausreichend Flüssigkeit zu sich nehmen, führt dies zu Müdigkeit, Schwindel und Krämpfen. Außerdem beeinträchtigt dies Ihre Ausdauer und Leistung während des Trainings erheblich. Trinken Sie vor, während und nach dem Training viel Flüssigkeit, um diesen Fehler zu vermeiden. Halten Sie eine Flasche Wasser in der Nähe und trinken Sie regelmäßig, um hydriert zu bleiben. *Vermeiden Sie zuckerhaltige oder koffeinhaltige Getränke, da diese zu einer Dehydrierung führen können.*

Ein übermäßiges Verlassen auf die Kraft des Oberkörpers

Beim Boxen geht es nicht nur um die Kraft des Oberkörpers. Ihr Unterkörper, Ihre Körpermitte und Ihre Koordination sind wichtig und bestimmen, wie Sie boxen. Leider machen viele Anfänger den Fehler, sich zu sehr auf die Kraft des Oberkörpers zu konzentrieren, was zu Muskelungleichgewichten, schlechter Form und Ermüdung führt. Bauen Sie Übungen für den unteren Körper und die Körpermitte mit in Ihr Trainingsprogramm ein, um diesen Fehler zu vermeiden. Zu den Beispielen für Übungen für den unteren Körperbereich gehören Kniebeugen, Ausfallschritte und Seilspringen. Zur Stärkung der Körpermitte können Liegestützhalte, russische Rotationen und Sit-ups eingesetzt werden.

Schlechte Beinarbeit

Boxen ist ein Sport, der von den Kämpfern eine hervorragende Beinarbeit erfordert. Anfänger achten jedoch nicht auf die Bedeutung der Beinarbeit, was zu verschiedenen Fehlern führen kann, darunter schlechtes Gleichgewicht, schlechte Bewegungsabläufe und Verletzungsanfälligkeit. Um diesen Fehler zu vermeiden, sollten Sie sich darauf konzentrieren, Ihre Beinarbeit zu verbessern, indem Sie Übungen wie Schattenboxen, Leiterübungen und Drehungen üben. Trainieren Sie außerdem Ihre Reaktionszeit und Koordination, indem Sie Übungen wie Kniebeugen, Hürdensprünge und Burpees machen.

Übermäßig intensives Training

Es ist zwar wichtig, dass Sie hart trainieren, aber Übertraining kann zu Burnout, Verletzungen und Müdigkeit führen. Anfänger machen oft den Fehler, zu hart oder zu häufig zu trainieren, was auf lange Sicht Fortschritte hemmen kann. Stellen Sie einen regelmäßigen Trainingsplan auf und planen Sie Ruhetage ein, um diesen Fehler zu vermeiden. Arbeiten Sie daran, die Intensität Ihrer Trainingseinheiten allmählich zu steigern, während Sie auf Ihren Körper hören und sich nicht bis zur Erschöpfung verausgaben.

Nicht an der Schlagzahl arbeiten

Einer der häufigsten Fehler von Boxanfängern besteht darin, dass sie nicht an ihrer Schlaggeschwindigkeit arbeiten. Ihre Schlaggeschwindigkeit ist beim Boxen entscheidend; wenn Sie sie vernachlässigen, kann Sie das den Kampf kosten. Sie können Schnelligkeitsübungen mit in Ihr Trainingsprogramm aufnehmen, um diesen Fehler zu vermeiden. Üben Sie Schattenboxen, Übungen mit dem Sandsack und Übungen mit dem Sandsack mit doppeltem Ende, um Ihre Schlaggeschwindigkeit zu verbessern. Eine weitere Möglichkeit, um Ihre Schlaggeschwindigkeit zu verbessern, besteht in der Verbesserung Ihrer Beinarbeit. Gute Beinarbeit ermöglicht es Ihnen, sich schnell zu bewegen und schneller zuzuschlagen. Lernen Sie, die richtige Boxhaltung und Beinarbeit zu perfektionieren, um Ihre Geschwindigkeit zu verbessern.

Das Gleichgewicht nicht halten

Boxanfänger übersehen oft, wie wichtig das Gleichgewicht beim Boxen ist. Es ist entscheidend, dass Sie Ihr Gleichgewicht halten. Dies ermöglicht es Ihnen, sich schnell zu bewegen und Schlägen auszuweichen. Wenn Sie das Gleichgewicht nicht halten, werden Sie zu einem leichten Ziel für Ihren Gegner. Üben Sie spezielle Gleichgewichtsübungen für das Boxen, um diesen Fehler zu vermeiden. Üben Sie, sich im Ring zu bewegen, Ihr Gewicht zu verlagern und sich auf den Füßen zu drehen. Regelmäßige Wiederholungen dieser Übungen werden Ihnen helfen, Ihr Gleichgewicht während Ihrer Kämpfe besser zu halten.

Während der Runden nicht entspannen

Einer der häufigsten Fehler von Boxanfängern ist, sich während der Runden nicht zu entspannen. Boxen erfordert viel Energie, und die müssen Sie sich während der Kämpfe aufsparen. Wenn Sie sich verkrampfen, wird Ihre Energie verbraucht und Sie werden schnell müde. Üben Sie während Ihrer Trainingseinheiten Atemübungen, um diesen Fehler zu vermeiden. Atmen Sie beispielsweise tief ein und atmen Sie langsam aus, um Ihre Muskeln zu entspannen. Konzentrieren Sie sich außerdem auf Ihre Technik und nicht auf das Ergebnis, um Energie zu sparen und während Ihrer Runden entspannt zu bleiben.

Mangelnde mentale Stärke

Einer der größten Fehler von Boxanfängern besteht darin, dass sie die Bedeutung der mentalen Stärke unterschätzen. Boxen ist ein geistig anspruchsvoller Sport, und Ihre Fähigkeit, konzentriert und entschlossen zu bleiben, ist mindestens genauso wichtig wie Ihre körperlichen Fähigkeiten. Wenn Sie nicht über die nötige mentale Stärke verfügen, können Sie sich beim Training nur schwer richtig anstrengen und schrumpfen angesichts des Drucks während des Kampfes. Es ist wichtig, dass Sie an Ihrer mentalen Stärke arbeiten. Setzen Sie sich gut erreichbare Ziele, visualisieren Sie den Erfolg und bleiben Sie während des Trainings positiv und konzentriert, um diesen Fehler zu vermeiden. Sie können auch mit einem Trainer oder Sportpsychologen zusammenarbeiten, der Ihnen dabei hilft, mehr mentale Stärke zu entwickeln.

Kein gutes Trainingsprogramm ausarbeiten

Ein weiterer Fehler, den Anfänger beim Boxen machen, ist, dass sie sich kein konsequentes und abgerundetes Trainingsprogramm ausarbeiten. Kämpfer brauchen Kraft, Ausdauer und Beweglichkeit, aber Sie werden im Ring im Nachteil sein, wenn Sie sich nur auf einen Aspekt des Trainings konzentrieren. Um diesen Fehler zu vermeiden, ist es wichtig, ein umfassendes Trainingsprogramm zu entwickeln, das Krafttraining, Ausdauertraining und Beweglichkeitsübungen umfasst. Es ist wichtig, dass Sie Ihr Training variieren, um ein Plateau zu vermeiden. Die Zusammenarbeit mit einem Personal Trainer oder Coach kann Ihnen dabei helfen, einen individuellen Trainingsplan zu erstellen, der auf Ihre speziellen Bedürfnisse und Ziele abgestimmt ist.

Keine Pausen einlegen

Viele Boxanfänger fallen dem Übertraining zum Opfer. Sie leiden unter der fälschlichen Annahme, dass sie sich schneller verbessern werden, je mehr sie trainieren. Tatsächlich kann Übertraining jedoch zu Verletzungen, Burnout und Plateaus führen. Um diesen Fehler zu vermeiden, ist es wichtig, regelmäßig Pausen und Ruhetage einzulegen. Ruhepausen ermöglichen es Ihren Muskeln, sich zu erholen und zu regenerieren, wodurch das Verletzungsrisiko verringert und ein Burnout verhindert wird. Es ist wichtig, dass Sie auf Ihren Körper hören und Ihren Trainingsplan entsprechend anpassen. Wenn Sie sich also erschöpft oder wund fühlen, nehmen Sie sich einen zusätzlichen Tag frei, um sich zu erholen.

Boxen ist ein intensiver Sport, der Disziplin, Konzentration und harte Arbeit erfordert. Als Anfänger ist es wichtig, dass Sie diese häufigen Fehler vermeiden, um das Verletzungsrisiko zu minimieren und beständig Fortschritte zu machen. Um ein erfolgreicher Boxer zu werden, müssen Sie sich die Zeit nehmen, um sich zu dehnen, ausreichend viel zu trinken, sich auf die Kraft des ganzen Körpers und auf die Beinarbeit zu konzentrieren und ein Gleichgewicht zwischen harter Arbeit und Ruhe zu finden.

Um ein erfolgreicher Boxer zu werden, braucht es mehr als nur harte Schläge. Sie müssen auch mental stark sein, ein umfassendes Trainingsprogramm absolvieren und regelmäßig Pausen einlegen. Wenn Sie an Ihrer Schlaggeschwindigkeit arbeiten, Ihr Gleichgewicht halten und sich während Ihrer Runden entspannen, werden Sie Ihre Boxfähigkeiten verbessern und kostspielige Fehler vermeiden. Denken Sie daran, dass Erfolg beim Boxen Zeit braucht, und der Weg zum Erfolg erfordert oft Geduld und Ausdauer. Wenn Sie diese Tipps befolgen, sind Sie auf dem besten Weg, um ein erfolgreicher Boxer zu werden.

Fazit

Boxen ist ein intensiver und fesselnder Sport, den es schon seit Jahrhunderten gibt. Von den bescheidenen Anfängen bis hin zu den spektakulären Weltmeisterschaften, die wir heutzutage sehen, hat das Boxen die Zuschauer mit seiner Betonung auf Geschicklichkeit, Geschwindigkeit und Kraft in seinen Bann gezogen. In diesem ultimativen Boxhandbuch erfahren Sie alles über den Einstieg ins Boxen, von den Grundlagen des Sports bis hin zu Übungen und Taktiken für Fortgeschrittene. In diesem leicht verständlichen Leitfaden erfahren Sie, wie sich der Sport entwickelt hat und sich seit der griechischen Antike bis in die Gegenwart internationaler Popularität erfreut hat. Dieses Buch geht auf die verschiedenen modernen Boxstile ein, von der Amateur- bis zur Profiliga, und auf die verschiedenen Gewichtsklassen und Regeln, die es zu beachten gilt.

Das Boxen eignet sich großartig dazu, an Ihrer Fitness zu arbeiten, Ihre Koordination zu verbessern und Dampf abzulassen. Aber wenn Sie in den Ring steigen wollen, müssen Sie zunächst die grundlegenden Regeln und Vorschriften des Boxens kennenlernen. Dazu brauchen Sie erst einmal ein robustes Paar Boxhandschuhe, um Ihre Hände vor Verletzungen zu schützen und um effektive Schläge zu landen. Ein schwerer Sandsack dient als ein weiteres wichtiges Utensil zum Üben von Jabs, Hakenschlägen und Uppercuts. Handbandagen helfen Ihnen dabei, Ihre Handgelenke zu stützen und Verletzungen vorzubeugen, und ein Mundschutz ist wichtig, um Ihre Zähne und Ihren Kiefer zu schützen. Schließlich sorgen bequeme und strapazierfähige Boxschuhe für den nötigen Halt und die nötige Bodenhaftung im Ring. Mit der richtigen

Ausrüstung sind Sie dann bereit, Ihre Schläge wie ein Profi auszuüben.

Um ein erfolgreicher Boxer zu sein, müssen Sie die Bedeutung Ihrer Haltung, Ihrer Deckung und Ihrer Beinarbeit besser verstehen lernen. Diese drei Elemente bilden die Grundlage der Boxtechnik und können über Ihre Leistung im Ring entscheiden. Die Beherrschung der richtigen Haltung hilft Ihnen dabei, das Gleichgewicht und die Stabilität beizubehalten, während eine solide Deckung Sie vor den Schlägen Ihres Gegners schützt. Die Beinarbeit ist wichtig, damit Sie erfolgreich auf den Beinen bleiben und stets bereit sind, sich in jede Richtung zu bewegen.

Dieses Buch befasst sich mit den verschiedenen Schlägen und Gegenschlägen, die es beim Boxen gibt. Es erklärt den Jab, den frontalen Schlag, den Hakenschlag und den Uppercut und beschreibt, wie man die Schläge richtig nutzt. Außerdem deckt es einige der effektivsten Gegenschläge ab, mit denen Sie sich im Ring einen Vorteil verschaffen können. Sie werden jedoch, um ein erfolgreicher Boxer zu werden, immer eine solide Verteidigung brauchen, unabhängig davon, wie gut Ihre Offensive ist. Dieses Buch diskutiert die effektivsten Verteidigungstechniken im Boxen. Außerdem geht es um die Bedeutung der Distanzkontrolle, das richtige Ausweichen und Blockieren von Schlägen und den Einsatz Ihrer Deckung, um nicht getroffen zu werden.

Dieses ultimative Boxhandbuch hat Ihnen einen ausgezeichneten Überblick über den Sport und alles, was Sie für den Einstieg in den Boxsport brauchen, gegeben. Angefangen mit der Geschichte des Sports bis hin zur Peek-A-Boo-Technik hat es Ihnen eine Fülle von Themen nähergebracht und wertvolle Einblicke und Tipps geliefert. Denken Sie daran, dass Boxen ein hochqualifizierter und anspruchsvoller Sport ist, der viel Hingabe, Disziplin und Training erfordert, um ihn zu meistern. Ob Sie also ein Neuling oder ein erfahrener Profi sind, nutzen Sie dieses Buch als Grundlage, um Ihre bestehenden Fähigkeiten optimal zu erweitern.

Hier ist ein weiteres Buch von Clint Sharp, das Ihnen gefallen könnte

Quellenangaben

(N.d.). Realbuzz.com. https://www.realbuzz.com/articles-interests/sports-activities/article/the-basic-skills-of-boxing/

Chen, L. (2021, June 15). The ultimate boxing workout for beginners. Byrdie. https://www.byrdie.com/boxing-workouts-5188633

Duquette, T. (2021, April 13). How to box at home - techniques for beginners. Joinfightcamp.com; FightCamp. https://blog.joinfightcamp.com/training/5-basic-boxing-techniques-to-learn-at-home-during-quarantine/

Evolve, M. M. A. (2022, October 2). 15 basic boxing combinations you should master first. Evolve Daily. https://evolve-mma.com/blog/15-basic-boxing-combinations-you-should-master-first/

Imre, B. (2020, August 14). 6 basic boxing punches & how to throw them correctly. PunchingBagsGuide. https://punchingbagsguide.com/basic-boxing-punches-guide/

Johnny, N. (2012, November 23). The BEGINNER'S guide to boxing. How to Box | ExpertBoxing. https://expertboxing.com/the-beginners-guide-to-boxing

Mahoney, K. (2020, May 2). 7 boxing fundamentals everyone should know. Muscle & Fitness. https://www.muscleandfitness.com/muscle-fitness-hers/hers-workouts/basics-boxing/

McNulty, R. (2020, May 29). The beginner's guide to boxing training. Muscle & Fitness. https://www.muscleandfitness.com/workouts/workout-tips/the-beginners-guide-to-boxing-training/

Ritterbeck, M. (2017, April 11). Boxing for beginners: Boxing basics for stance, breath, and punches. Greatist. https://greatist.com/fitness/boxing-workout-basic-moves-for-beginners

Bildquellen

1 Antimenes Painter, CC BY 2.5 <https://creativecommons.org/licenses/by/2.5>, via Wikimedia Commons: https://commons.wikimedia.org/wiki/File:Boxers_Panathenaic_Met_06.1021.51.jpg
2 Siehe Seite für den Autor, CC BY-SA 3.0 NL <https://creativecommons.org/licenses/by-sa/3.0/nl/deed.en>, via Wikimedia Commons https://commons.wikimedia.org/wiki/File:Muhammad_Ali_1966.jpg
3 Brian Birzer http://www.brianbirzer.com, CC BY 2.0 <https://creativecommons.org/licenses/by/2.0>, via Wikimedia Commons https://commons.wikimedia.org/wiki/File:Mike_Tyson_Portrait_lighting_corrected.jpg
4 ian mcwilliams, CC BY 2.0 <https://creativecommons.org/licenses/by/2.0>, via Wikimedia Commons: https://commons.wikimedia.org/wiki/File:Floyd_Mayweather,_Jr._vs._Juan_Manuel_M%C3%A1rquez.jpg
5 https://pxhere.com/en/photo/1044044
6 https://www.pexels.com/photo/boxing-gloves-and-mitts-over-the-grass-5836652/
7 https://www.pexels.com/photo/blurred-sportswoman-demonstrating-technique-of-hand-bandaging-7991696/
8 https://www.pexels.com/photo/smiling-man-wearing-mouth-guard-and-boxing-gloves-7289912/
9 https://unsplash.com/photos/qPhXapAS2Ss?utm_source=unsplash&utm_medium=referral&utm_content=creditShareLink
10 https://www.publicdomainpictures.net/en/view-image.php?image=424842&picture=bicycles-abdominal-workout

11 Fotograf: Alfred Grohs, CC BY 3.0 <https://creativecommons.org/licenses/by/3.0>, via Wikimedia Commons: https://commons.wikimedia.org/wiki/File:Adolf_Grohs_Boxer_Kurt_Prenzel_Bildseite_(cropped).jpg

12 Alain Delmas (Frankreich), CC BY-SA 3.0 <http://creativecommons.org/licenses/by-sa/3.0/>, via Wikimedia Commons: https://commons.wikimedia.org/wiki/File:Slip1.jpg

13 Alain Delmas (Frankreich), CC BY-SA 3.0 <http://creativecommons.org/licenses/by-sa/3.0/>, via Wikimedia Commons: https://commons.wikimedia.org/wiki/File:Jab3.jpg

14 Delmas Alain, CC BY-SA 3.0 <https://creativecommons.org/licenses/by-sa/3.0>, via Wikimedia Commons: https://commons.wikimedia.org/wiki/File:Retrait4color.jpg

15 Alain Delmas (Frankreich), CC BY-SA 3.0 <http://creativecommons.org/licenses/by-sa/3.0/>, via Wikimedia Commons: https://commons.wikimedia.org/wiki/File:Lecon_crochet.jpg

16 Alain Delmas (Frankreich), CC BY-SA 2.5 <https://creativecommons.org/licenses/by-sa/2.5>, via Wikimedia Commons: https://commons.wikimedia.org/wiki/File:Uppercut2.jpg

17 Delmas Alain, CC BY-SA 3.0 <https://creativecommons.org/licenses/by-sa/3.0>, via Wikimedia Commons: https://commons.wikimedia.org/wiki/File:Retrait2color.jpg

18 Alain Delmas (Frankreich), CC BY-SA 3.0 <http://creativecommons.org/licenses/by-sa/3.0/>, via Wikimedia Commons: https://commons.wikimedia.org/wiki/File:Drop5.jpg

19 https://unsplash.com/photos/HG1pkXN7SVA?utm_source=unsplash&utm_medium=referral&utm_content=creditShareLink

20 https://unsplash.com/photos/misTB4pmevc?utm_source=unsplash&utm_medium=referral&utm_content=creditShareLink

21 https://unsplash.com/photos/5Ua3axiD0kA?utm_source=unsplash&utm_medium=referral&utm_content=creditShareLink

22 https://unsplash.com/photos/8Naac6Zpy28?utm_source=unsplash&utm_medium=referral&utm_content=creditShareLink

www.ingramcontent.com/pod-product-compliance
Lightning Source LLC
Chambersburg PA
CBHW051851160426
43209CB00006B/1247